混合研究法への誘い
質的・量的研究を統合する新しい実践研究アプローチ

日本混合研究法学会設立記念出版　2016

Introducing Mixed Methods Research

目次

イントロダクション
第1章　混合研究法──「古くて新しい」研究アプローチ……………………………抱井尚子　2

§1　ワークショップ
第2章　混合研究法入門…………R・B・ジョンソン，M・D・フェターズ（報告者：抱井尚子）　5
第3章　最先端の混合研究法デザイン
　………… J・W・クレスウェル，B・F・クラブトリー（報告者：竹之下れみ，井上真智子）　14
第4章　混合研究法としてのグラウンデッドなテキストマイニング・アプローチ
　………………………………………………………………………稲葉光行・抱井尚子　27
第5章　混合研究法によるデータの分析と統合………… P・ベイズリー（報告者：田島千裕）　38

§2　基調講演
第6章　混合研究法の研究設問とデザインを発展させるため，ストーリーを使うこと
　…………………………………………………… B・F・クラブトリー（報告者：尾島俊之）　47
第7章　ミックスト・メソッズ・ストーリー──調査者と混合研究法の相互作用を振り返る
　………………………………………………………………………………抱井尚子　57
第8章　看護における混合研究の活用例………………………………………亀井智子　67
第9章　混合研究法を用いた包摂的科学への移行………R・B・ジョンソン（報告者：八田太一）　76
第10章　混合研究法的思考と行動の様式──実践における多様な視点の統合
　………………………………………………………… P・ベイズリー（報告者：抱井尚子）　85

§3　特別講演
第11章　社会科学から健康科学へ混合研究法が拡張するにつれて
　………………………………………………… J・W・クレスウェル（報告者：八田太一）　94

§4　パネル・ディスカッション
第12章　混合研究法をめぐる議論からみえてくるもの（1）
　………………B・F・クラブトリー，抱井尚子，亀井智子（報告者：八田太一）　106
第13章　混合研究法をめぐる議論からみえてくるもの（2）
　……………R・B・ジョンソン，P・ベイズリー，J・W・クレスウェル（報告者：八田太一）　114

大会後記……………………………………………………………………………稲葉光行　127
編集後記……………………………………………………………………………成田慶一　128
さくいん……………………………………………………………………………………130

混合研究法

「古くて新しい」研究アプローチ

抱井尚子 *

* 青山学院大学国際政治経済学部

　本書は，2015年9月19-20日の2日間にわたり，立命館大学大阪いばらきキャンパスにて共同開催された，国際混合研究法学会アジア地域会議・第1回日本混合研究法学会年次大会（大会テーマ『混合研究法への誘（いざな）い――学の境界を越えて』）の基調講演・特別講演，パネル・ディスカッション，そしてワークショップの内容を収載した一冊です。2015年4月創立の日本混合研究法学会（JSMMR: Japan Society for Mixed Methods Research）は，わが国初となるこの混合研究法の学術集会開催を実現すべく設立されました。よって本書は，JSMMRの創立記念図書としての位置づけも持ち合わせています。JSMMRの誕生とともに，この記念すべき学術集会が開催された2015年は，わが国における混合研究法コミュニティの存在が国内外で認識されるところとなった，歴史に残る年であったといえるでしょう。

　『混合研究法への誘（いざな）い』というタイトルに惹かれ，本書を手に取られた方々の中には，「混合研究法」（本書では，mixed methods researchの略称として世界的に広く用いられている「MMR」という表記も併用します）が何であるかをすでに理解し，研究実践をされている方々もおられるかもしれません。実際に2015年9月の学術集会に参加し，研究発表なさった方々もおられることでしょう。また，混合研究法という名称は耳にしたことはあるが，その内容についてはそれほど詳しくないので，この機会に理解を深めたいという動機に後押しされて本書を手に取られた方々もおられるかもしれません。本書は，混合研究法の哲学的・歴史的背景から，定義，デザイン，そして研究実践における具体的なノウハウまでを幅広く網羅しています。したがって，本研究アプローチとの関わりにおいて多様な背景をお持ちになるすべての読者が，それぞれのレベルにおいて，意義ある知見を得ることのできる一冊となっています。

　混合研究法は，人間科学の研究アプローチのあり方をめぐり，量的研究を主軸とするポスト実証主義と質的研究を主軸とする構成主義との間で20世紀後半に展開した，パラダイム論争の結果生まれた第三の研究アプローチです。その起源は30年ほど前に遡る程度であり，混合研究法は研究アプローチとして今なお発展途上にあるといえます。そのため，混合研究法の定義や実践形態に対し，研究者によって多様な見解が存在します。このことは，本書を読み進めていただく中でもお分かりいただけることでしょう。本書の編集にあたり，このような研究者間の見解の差は訳出の違いにも表れています。たとえば，質的・量的データを統合する際の"merge"という原語（英語・動詞）は，話者が質的・量的データ分析の結果をそれぞれ別々の研究論文として互いに言及し合いながら出版することが可能であるという立場（クレスウェル氏の立場に代表される）を話者がとるのであれば，「結合（する）」と訳出しました。一方，質的・量的データはもはや切り離すことはできず，

よって別々の研究論文として出版することはできないとする立場（ベイズリー氏の立場に代表される）を話者がとるのであれば、「融合（する）」としました。どちらの立場ともとれるような場合は、コンテクストによってより適切と思われる訳出を採用しています。

混合研究法は、特定の学術分野にとどまらず、健康科学および社会科学において近年広く採用され始めている研究アプローチです。とくに、目の前に立ちはだかる問題を効果的に解決する必要に迫られる実践分野の研究者にとっては、量的研究により現象の全体的傾向を把握し、質的研究により個々人の多様な経験を把握することを可能にする混合研究法は、相性の良い研究アプローチであるといえます。

ご存知のように、これまで多くの領域において、質的研究と量的研究の併用はすでに行われてきました。質問紙調査（量的研究）を実施する前に「予備調査」という名目でインタビュー調査（質的研究）を実施するといったアプローチは、その典型例でしょう。その意味では、2つの研究アプローチの両方を1つの研究プロジェクトで使用することは、今になって始まったことではありません。それでは、今日なぜ私たちは"mixed methods research"または「混合研究法」という新たな記号を創りだし、その記号が指し示すアプローチによる研究実践がどのようなものであり、それを行うことにどのような意義があるかを真剣に議論し始めたのでしょうか。混合研究法という研究アプローチが質的研究と量的研究の単なる「併用」以上の意味をもたないのであれば、このような議論はそもそも起こらなかったでしょう。ここでカギとなるのは、従来の「併用」（combination）に代わる、混合研究法の核ともいえる、質的研究と量的研究の2つの研究アプローチの「統合」（integration）という概念です。

質的・量的研究アプローチを1つのプロジェクトにおいて併用してきたこれまでの多くの研究においては、「統合」という概念とそれを支える哲学的議論の存在は少なくとも明示化されてきたとはいえません。また、統合という概念に基づく研究実践の具体的なあり方を、徹底的に議論し、追究する姿勢も見られませんでした。つまり、何らかの調査結果を得るために2つの研究アプローチを技術的なレベルで併用することはあっても、このアプローチを用いることによって生産される知識の本質を問うような哲学的視座は、これまでの多くの研究においては欠如していたといえます。また、2つの研究アプローチを統合的に用いることによってもたらされ得るシナジー（相乗効果）を意識的に追究する姿勢も、不十分であったといえます。

一方、混合研究法を用いる場合には、知識の本質とは何か、どのような知識を生産することができるのか、どのような方法によって知識は生産し得るのか、といった、哲学的問いから始めることが前提となります。このように、知識構築における存在論的、認識論的、方法論的問いに対する研究者自身のスタンスを明らかにするところから混合研究法を用いた調査（本書では、このような調査に対し、「混合型研究」という表記を併用します）は始まります。また、データ収集および分析において、どのように1つの研究アプローチともう1つの研究アプローチが相互作用し得るのかに注目することも、混合研究法を用いる際には重要となります。

結論として、質的研究と量的研究の2つの研究アプローチの両方を単に併用しただけの従来の研究と、混合型研究を差異化するポイントは、「哲学的視座の有無」と、「（2つの研究アプローチの）統合によるシナジーの徹底的追究姿勢の有無」の2点であると私は考えます。さらに、先ほど、混合研究法の歴史はたった30年前に遡る程度ということに触れましたが、実のところ、その核となる精神は、古代ギリシャの哲学者アリストテレスによる「全体は部分の総和に勝る」という思想にまで遡ることができるのです。その意味では、混合研究法は二千年以上の歴史をもち、最も「古くて新しい」研究アプローチといえるでしょう。

本書は、序章にあたる本章を含めた全13章に、

大会後記編集後記を加えた構成となっています。第2章から第5章では，5つの混合研究法ワークショップの概要を紹介しています。第6章から第10章は国内外の研究者による基調講演を，そして第11章では混合研究法の領域においておそらく世界的に最も著名であろうジョン・W・クレスウェル（John W. Creswell）氏による特別講演を，それぞれ当日収録した音声記録をもとに，ほぼそのままの形を日本語で再現しています。そして，第12章と第13章では，それぞれ，第1日目の講演者によるパネル・ディスカッションと第2日目の講演者によるパネル・ディスカッションを，こちらも音声記録をもとに日本語で再現しています。混合研究法の理論から実践例まで，どの章をとっても大変充実した内容になっております。このエポックメイキングな学術集会にご参加いただけなかった方々にも，臨場感をもってその内容をご理解いただけるものと確信しております。また，学術集会に足をお運びいただいた方々にも，本書を通じて，再びあのときの記憶を呼び覚ましていただければと願います。

最後に，本書の出版にあたっては，多くの皆様のお力添えをいただきました。まず，学術集会において見事な同時通訳をしてくださいました新崎隆子氏と石黒弓美子氏に感謝と敬意を表したいと思います。本書の日本語による出版が，お二人のご協力により可能となりました。また，本書に収載された一部の章（第2章，第4章，第8章，第12章）は，雑誌『看護研究』（医学書院）の2016年2月号「特集　混合研究法が創る未来　第1回日本混合研究法学会学術大会より」でも紹介されたものです。これらの章の本書への転載許諾を与えてくださいました医学書院の関係者の皆様に，この場をお借りして改めて御礼を申し上げます。遠見書房の山内俊介氏と駒形大介氏には，本書の企画から編集まで，すべてのプロセスにおいて大変なご尽力をいただきました。改めて感謝申し上げます。

編著者を代表して
抱井尚子

第2章 ワークショップ 1

混合研究法入門

R・B・ジョンソン*，M・D・フェターズ**（報告者[1]：抱井尚子***）

*南アラバマ大学 **ミシガン大学 ***青山学院大学国際政治経済学部

1 はじめに

バーク・ジョンソン氏（R. Burke Johnson）とマイク・フェターズ氏（Michael D. Fetters）による本ワークショップは，混合研究法（mixed methods research；以下 MMR）初学者を対象とし，MMRを用いた研究，つまり「混合型研究」を実施する具体的なステップについて学ぶことを目的としたものである。65名の参加者を得た本ワークショップは，今回の学術集会において提供された6つのワークショップの中では最も大所帯のものとなった。このことは，日本における MMR の関心の高さを示すものであると同時に，今後 MMR が積極的に研究の中で用いられて行くであろうことを予感させるものであった。

本ワークショップ担当講師の一人であるジョンソン氏は，南アラバマ大学教授であり，教育評価の博士号をもつ。彼はまた，非常に学際的なバックグラウンドを有し，学士号は心理学，修士号は社会学と行政学のダブルディグリーをもつ。もう一人の講師であるフェターズ氏は，医師であるが，文化人類学や公衆衛生学のバックグラウンドも有する。彼は高校時代に日本に留学した経験があり，日本語が非常に堪能で，日本文化に対する造詣も深い。本ワークショップでもフェターズ氏は，日本語による講義を行っている。フェターズ氏はミシガン大学医学部の日本家庭健康プログラムの創設主任であり，Journal of Mixed Methods Research（JMMR）の現共同編集委員長でもある。また氏は，2015年10月には Michigan Mixed Method Research and Scholarship Program の共同主任に，MMR の研究者の中で世界的に最も著名なジョン・クレスウェル（John W. Creswell）氏とともに就任している。

ワークショップ1は大会第1日目午前中の3時間で実施された。本ワークショップの進行において特徴的であった点は，参加者が MMR の基礎的知識について講義を通じて学ぶ一方で，実際に新たに学んだ知識をもとに自身の研究計画書を作成していくという，非常に実践的なアプローチをとっていたことである。ワークショップの終盤で参加者たちは，研究計画をまとめたポスターの横に立ち，その内容について互いにフィードバックを与え合い，質疑応答し合うこと（ポスターセッション）で，MMR に対する理解を深めていた。なお，ワークショップは，ジョンソン氏が英語で，フェターズ氏が日本語で行った。英語が苦手な参加者のために，スライドはすべて日英両語で準備されていた[2]。

---

[1] 本報告書は，ワークショップで配布された日英両語によるバイリンガル資料とワークショップの録画に基づき，抱井がまとめたものである。

[2] 日英両語によるバイリンガル・スライドは，ミシガン大学家庭医療学科の本原理子（もとはら さとこ）氏と榊原麗（さかきばら れい）氏によって作成されたものである。

会場となった立命館大学大阪いばらきキャンパスのラーニングシアター（learning theatre）教室は，四方の壁のあちらこちらにスライドが投影できるようになっており，対面式に座れるようにアレンジされた複数の机と椅子が集まってできたいくつもの島がフロア全体に設置され，インタラクティブなワークショップには絶好のスペースであった。会場では終始和やかなやり取りがかわされ，ときおり笑い声も上がっていた。脅威を感じさせない明るい雰囲気は，MMR初学者の学びの場としては最適であったといえよう。

II　ワークショップのフォーマットと構成

ここでは，本ワークショップのフォーマットと構成について紹介する。

3時間のワークショップで参加者は，文字通り「ワーク（働く）」することが求められることが講師より伝えられ，本ワークショップが実践的なアプローチをとることが再確認されている。ワークショップのフォーマットとしては協調学習モデルが採用されており，二人一組の対話による共同作業を通して，互いの成功や失敗から学び合うことが奨励されている。したがって，ワークショップの冒頭で，参加者はまず，自身のパートナーを見つけることが求められた。

ワークショップは大きく8つのステップから構成されている。それらは，(1) MMRデザインが自身の研究に適しているかを判断する，(2) MMRデザインを用いる根拠を見極める，(3) データの源を明確にするとともに，MMRのデザインを選択する，(4) データ収集，(5) データ分析，(6) データ検証，(7) 解釈と統合，そして最終段階の (8) 研究計画のポスターを完成させる（これは，通常の研究過程においては執筆にあたる段階になる）である。これらのステップの一つひとつについて，参加者は自身の研究を想定しながら検討する機会を得る。そして，パートナーとともに，ポスターに書き入れた互いのアイデアに対してフィードバックを交換することが求められる。最終段階では，完成したポスターを手がかりに，講師やパートナー以外の他の参加者とも対話する機会を得て，MMRを用いた研究実践の具体的なイメージを掴むと同時に，より良い研究実践のヒントを得ていくというわけである。

III　MMRの定義

混合型研究の実践の8段階を取り上げる前に，そもそもMMRとはどのような研究アプローチなのかについて講師は解説している。まず，MMRとは決して複雑なものではないことを参加者に理解してもらうために，MMRは「研究課題をより深く理解するために，量的および質的研究を組み合わせて使う」研究アプローチであるという，シンプルでざっくりとしたイメージを提示している。次に，より厳密かつ学術的な定義として，「MMRは，社会科学，行動科学および健康科学で人気のある研究アプローチである。研究者は，研究設問（research question）に応えるために，単一の研究あるいは長期的に継続して行われる研究プログラムにおいて，量的および質的データを収集，分析，統合する」ものであることを説明している。

さらに，MMRにおける，方法，方法論，パラダイムの3つの双方向的組み合わせもしくは混合について，グリーン（Greene, 2015）を引きながら講師は解説している。つまり，アンケート調査，テスト，インタビュー，観察，アーカイブデータといった，データの具体的な集め方に関わる「方法」と，実験，ナラティブ，事例研究，グラウンデッド・セオリー，エスノグラフィー，現象学といった，知識構築における哲学的背景を基盤に特徴づけられた研究のアプローチである「方法論」と，構成主義／構築主義，ポスト実証主義，プラグマティズム，変革パラダイムといった，哲学的視座である「パラダイム」が，MMRにおいて多種多様に組み合わされていることを説明している。

最後に講師は，MMRが「1＋1＝3」であるべきことを強調している。これは，古代ギリシャ哲学者アリストテレスによる「全体は部分の総和に勝る」という名言にその源流をもち，MMRにおける3の部分は「統合」による知を意味する。

IV 質的研究，量的研究，そして MMR の特徴

次に講師は，質的・量的研究のそれぞれの特徴を解説し，それらのハイブリッドである MMR がどのような特徴をもつかについて解説している。

質的研究の特徴としては，参加者のイーミックな視点を探究する，問題の複雑性を理解する，現場におけるデータ収集を重視する，帰納的アプローチにより調査を実施する，調査参加者の声を引用する，そして調査者と調査参加者の間の相互作用の存在を前提とするといった事柄を挙げている。

一方，量的研究の特徴として，数値によって研究課題に関する説明，傾向，関連を導き出し，研究課題，研究設問，研究仮説の絞り込みやその適切性について文献調査を用いて検討する，演繹的アプローチにより調査を実施する，測定尺度や調査票を用いて多くの人からデータを収集する，データ分析により傾向の把握，グループ間比較，変数間の関係性の同定などを行う，そして調査者－調査参加者間の相互作用の存在を最小化するため，両者の間に可能な限り距離を置くようにするといった事柄を挙げている。

質的・量的研究のこれらの特徴をしっかりと理解することによって，その統合である MMR の手続きを厳密なものにすることができると講師は強調している。そして，その結果として，MMR の手続きは次の特徴をもつことになる。それらは，（1）哲学または理論に基づきデザインを組み立てる，（2）質的・量的データの両方を収集・分析する，（3）混合型研究デザインを用い，厳密な質的・量的方法を用いてデータ収集・分析をする，そして（4）2 つのデータベースを統合する，である。このとき，重要なポイントとして，「MMR を用いた研究では，意図的に質的・量的データを収集し，それぞれのデータを統合することで研究設問に答える」ことが挙げられている[3]。つまり，質的研究と量的研究の両方を行ったからといって自動的にそれが MMR になるわけではなく，重要なのはそこに「統合」が存在するか否かということである。最後に講師は，MMR のような質的・量的研究法の両方の知識や技能が求められる研究アプローチを使用する上では，それぞれの研究法の専門家によるチームアプローチをとることが望ましいことも指摘している（Curry, et al., 2012）。

V 混合型研究実践における 8 つの段階

ワークショップの焦点は，次に混合型研究の実践プロセスに移る。混合型研究のプロセスには，次の合計 8 つのステップがあることが講師によって説明された。それらは，（1）MMR デザインが自身の研究に適しているかを判断する，（2）MMR デザインを用いる根拠を見極める，（3）データの源を明確にするとともに，MMR デザインを選択する，（4）サンプリングデザインを選択する，（5）データを分析する，（6）研究結果の質を評価する，（7）解釈と統合を行う，（8）調査報告書を執筆する。以下では，その一つひとつの段階について講師によってどのような講義がなされたかについて概説する。

（1）MMR を用いることが適切かどうかの判断

まず，この判断を下す際に自問自答するべきなのが，「いつ MMR を使うか」という問いである。MMR を使用する必要性は，質的・量的アプローチのいずれか一方のみでは研究設問に対する解を得ることが困難なときに高まる。つまり，質的データを用いることにより量的結果をより理解できる見込みがある場合や，質的な探究が理論の発展や仮説検証を導くものであるといった場合が挙げられる。そして，質的データを用いる利点は，探究す

---

[3] ここでは，混合型研究において収集されるデータのタイプが質的と量的の 2 つの異なるものである必要が指摘されているが，この考え方については研究者の間で一致しているわけではない。たとえば，本学術会議 2 日目のパネル・ディスカッションにおいて，Mixed Methods International Research Association（国際混合研究法学会）会長（大会時）のパット・ベイズリー（Pat Bazeley）氏は，データのタイプが 1 つであっても，分析アプローチが質的・量的の異なるものであれば MMR といえると主張している。例として，質的データを解釈的アプローチによって分析する一方で，数量的なテキスト分析を行うといったものが挙げられる。

べき変数が明確でない場合，参加者自身のことばで研究課題について語って欲しい場合，コンテクストについての情報が欲しい場合，詳細な描写が必要な場合，状況の複雑性を説明する場合，理論を生成する場合などに顕著となる。一方，量的データを用いることに利点があるのは，変数が明らかになっており，優れた測定方法が存在する場合，標本から母集団への一般化を行いたい場合，全体の傾向を知りたい場合，関係の規模と強度を知りたい場合，介入の効果を評価したい場合，理論を検証したい場合などにおいてである。

（2）MMRを用いる根拠の特定

質的・量的データを混合する理由として，グリーンら（Greene, et al., 1989）に依拠し，次のような5つが挙げられる。1つ目は，質的・量的研究結果の収斂や，一方の研究結果をもう一方の研究結果で裏づけることを目的とした「トライアンギュレーション」である。2つ目は，現象のより深い理解を求めて，2つのアプローチを補完的に使用する「補完」である。3つ目は，1つの方法により収集した分析結果をもとに，もう一方のデータを発展させる「発展」である。4つ目は，複数の方法により得られたデータの分析結果が収斂しないことをきっかけとして，現象の複雑性・多面性に積極的に考察のメスを入れる「手引」である。最後は，研究の幅に広がりをもたせるために，異なる現象に異なる方法を用いて迫る「拡張」である。その他にも，MMRがもつ，より包括的なエビデンスを提供する能力，質的・量的研究者の連携を促す力，複数の世界観を用いることを促す柔軟性，帰納法と演繹法の両方を研究の中で用いることを許容する実用的なスタンスが，当該研究アプローチを使用する理由として挙げられる。

（3-1）データ源の明確化

混合型研究において用いられるデータには，観察，一対一のインタビュー／フォーカス・グループ・インタビュー，文書資料，視聴覚資料／メディア，調査票，検査，登録簿などが挙げられる。インタビューデータは，一対一の構造化または半構造化インタビューや，グループを対象に行うフォーカス・グループといった異なるアプローチによって収集することができる。文書資料としては，調査者および調査参加者がつける日記から，手紙，公文書・メモ・議事録，ソーシャルメディア上の書き込み，携帯電話でのメール，歴史的資料，カルテなどの医療記録，さらに写真・ビデオ・地図・表・ポッドキャストのような視聴覚資料／メディアがある。他にも，調査参加者が描いた絵画，音，儀式を行う際の人工物，医療において用いられるレントゲン，心音，心電図，MRI画像などが含まれる。調査票の例として，医療現場で用いられる患者健康質問票PHQ9や，スマイリー疼痛スケール（表情評価スケール），多文化アセスメント調査票（MAI）などが挙げられる。その他にも検査ツールとして，行動面を測る発達障害アセスメントやウォーキングプログラムの歩数，身体面を測る脳波，負荷心エコーや遺伝子マーカー，各種人口統計情報を記録した登録簿もデータ源の例である。

（3-2）デザインの選択

MMRデザインを選択する際にまず留意するべき点は，研究設問との整合性である。MMRデザインには大きく分けて3つの基本的な型がある。それらは，説明的順次デザイン（explanatory sequential design），探索的順次デザイン[4]（exploratory sequential design），そして収斂デザイン（convergent design）である。説明的順次デザインは，第1段階として量的データの収集・分析を行い，その結果に関する理解をさらに深めるために第2段階として質的データの収集・分析を行う。そして，これらの2つの段階で得た知見を合わせて解釈することで，量的・質的研究アプローチの統合を図る。一方，探索的順次デザインでは，説明的デザインとは逆に，質的データの収集・分析から始め，その結果得られた知見をもとに仮説

---

[4] ワークショップの配布資料では「探究」という訳語が使用されているが，用語の収斂を試み，抱井（2015）に合わせてここでは「探索」という訳語を使用する。

検証のための量的研究段階につなげることで統合を実現する。最後の収斂デザインにおいては，特定の研究目的のもとに質的・量的データの収集・分析をそれぞれ並列的・独立的に行い，異なる方法によって得られた結果を比較または関連させることで質的・量的研究アプローチの統合を試みる。さらに，これら3つの基礎デザインに5つの枠組みを重ねあわせ，多段階型（multi-stage program），介入試験（intervention trial），事例研究（case study），参加・社会正義型（participatory type），そして調査票開発（instrument development）といった応用型デザインへと発展させることができる。

このように，MMRデザインは，質的・量的研究アプローチの統合をどのように達成するかによって異なるタイプに分類される。2つのデータの統合は，サンプリングを通した2つのデータベースの結びつけと，1つのデータベースによるもう一方のデータ収集アプローチの決定，新しいアイデアの発展とその検証，そしてデータ収集と分析の複数のタイミングでの関連づけといった方法を通して行われる。

（4）サンプリングデザインの選択

混合型研究におけるデータ収集の段階でとくに注意が必要となるのがサンプリングの問題である。質的・量的データの両方を用いる混合型研究では，サンプリングに関しても，質的サンプリングと量的サンプリングの両方が必要となる。したがって，「混合型サンプリングデザイン」が用いられることになる。ジョンソン氏とアンソニー・オンウェノブージー氏（Anthony Onwuebuzie）は，混合型サンプリングデザインを選択する際の基準として，次の2つを挙げている。1つは，質的・量的データ収集のタイミングが同時なのか順次なのかという時間的な基準である。もう1つは，質的・量的データ収集におけるサンプルの関係性に関するものである。つまり，質的データと量的データは同一の参加者から収集されるのか，あるいは質的・量的データのそれぞれを同一の母集団から抽出された異なる参加者から収集するのか，1つの研究段階で用いられた参加者の一部を他の段階の参加者として選定するのか，または階層集団の異なる層から抽出した参加者から質的データと量的データのそれぞれを収集するのかといった基準である。これらの基準に基づきサンプリングを決定した後は，質的・量的データ収集に用いるそれぞれのサンプルサイズを決める。その後で，サンプル（個人，集団，場所，人工物など）を具体的に特定し，データを収集する。

（5）データ分析

混合型研究のデータ分析では，言うまでもなく質的および量的分析手法の両方を使用することになる。質的分析としては，データのコード化，テーマの生成，テーマの関連づけ，そして人物像，年代記，理論，ナラティブ，事例，ストーリーなどの構築がある。一方，量的分析としては，傾向の記述，変数間の関連づけと特定の変数における集団間の比較，仮説検証，そして信頼性・妥当性の評価といったものがある。

データ分析の初期段階においては，まずデータの整理が必要となる。これは，量的研究・質的研究ともに，データを整理することでその次元を扱いやすい数に減らすためである。具体的には，量的データでは記述統計や探索的因子分析によって，質的データではテーマ分析やメモ作成によってこれが可能となる。

量的・質的データをまとめて表示することでデータが何を示しているかについての理解を支援するツールとして，ジョイントディスプレイ（joint display）がある。一般的に，量的データは表やグラフを用いて，質的データはグラフ，図，マトリックス，チェックリスト，分類表，ネットワーク図，ベン図を用いて表示することができるが，混合型研究においても，量的・質的データを表，グラフ，マトリックスなどを用いて1つにまとめて表示することができる。そして，このような視覚化のツールをジョイントディスプレイと呼ぶ。

データ変換には，質的データを量的データに変

Table 5. Qualitative Assessment of Quality Improvement Implementation (Intervention Practices)								
Practice	Team Structure	Leadership	Engagement	Psychological Safety	Intra-communication	Inter-communication	CRC Screening Rates Baseline (%)	12-Month Follow-up (%)
P2ᵃ	Strong	Moderate	Strong	Strong	Strong	Moderate	14	30
P7	Strong	Weak	Moderate	Weak	Moderate	Weak	53	73
P8ᵃ	Strong	Moderate	Strong	Moderate	Moderate	Weak	37	52
P10ᵃ	Strong	Moderate	Moderate	Moderate	Strong	Strong	71	33
P11	Weak	Weak	Moderate	Weak	Moderate	NA	54	66
P15	Moderate	Weak	Moderate	Weak	Moderate	Weak	50	67
P16ᵃ	Strong	Strong	Strong	Strong	Strong	Weak	43	48
P17	–	–	–	–	–	–	41	10
P19ᵃ	Strong	Strong	Strong	Strong	Strong	NA	52	44
P21	–	–	–	–	–	–	38	56
P22ᵃ	Strong	Weak	Moderate	Moderate	Moderate	Weak	47	71

図2-1 ジョイントディスプレイの一例
（Shaw et al. cited in Guetterman T.C., Fetters, M.D. & Creswell, J.W., 2015 より）

換するデータの定量化と，量的データを質的データに変換するデータの定性化がある。データの定性化の例として典型的なものは，測定尺度から得られた結果（数値）をカテゴリーに変換するものである。うつ病を測定するPHQ9の得点に基づき，その重症度を非常に軽度，軽度，中程度，やや重度，重度といったカテゴリーに変換することが例として挙げられる。データの定量化の例としては，語句の頻度や共起関係を数値で表すことが挙げられる。

データ相関は，さまざまなタイプのデータを関連づける，あるいは交差分類することである。MMRでは，一方あるいは両方の質的データを「変数」に変換し相関させることが考えられる。たとえば，2値の質的変数と量的変数の関連を測る点双列相関，クロス集計表，多重回答変数を活用することなどが挙げられる。

データの集約は，量的および質的データを合体することで，ここでは各種データ分析ソフトウェア（たとえばSPSS, SAS, MAXQDA, QDA-Miner）を使うのが一般的である。これによってコード，変数，データセットを集約することになる。

データの比較は，量的および質的データや分析から得られた結果を比較することである。上述したジョイントディスプレイは，その視覚化のツールである。

最後に，データの統合は，量的および質的結果を首尾一貫した大きなまとまりに統合することである。ここでは，メタ推論を引き出すことになる。メタ推論（meta-inferences）とは，量的および質的結果を積み上げあるいは結合することにより導きだされる推論または結果を指し，混合型研究を実施することによってのみ導出することができる，研究の最も重要な着地点であるといえる。

（6）研究結果の質の評価

MMRを用いて導出された調査結果の質はどのように評価することができるのだろうか。研究の質の評価は，質的研究，量的研究，そしてその統合の結果についていかに理にかなった主張を提示することができるかに関わってくる。これは，メタ推論，つまり質的・量的研究結果の積み上げ，あるいは統合によって導き出される推論または結果が理にかなったものであるかの評価ということになる。研究の評価に関する用語としては，量的研究において用いられる妥当性（validity），質的研究で用いられる信用性（trustworthiness），そしてMMRで用いられる正当性の確立（legitimization）が挙げられる。MMRにおける正当性の確立は，以下の9つの下位レベルにおいて評価される。

1）内部者・外部者の視点に関する妥当性（inside-outside validity）
調査参加者の内なる視点であるイーミックな視点と研究者の外部者としての視点であるエティックな視点のバランスが取れているかを問う。

2）パラダイム的・哲学的妥当性（paradigmatic/philosophical validity）

　混合型研究を実施する研究者が自身のMMRパラダイム（たとえば，プラグマティズム，変革のパラダイム，弁証法，批判的リアリズム）をどの程度説明しているのかを問う。

3）通約（共約）可能性（commensurability）への接近に関する妥当性（commensurability approximation validity）

　MMR研究者が質的研究者および量的研究者としての両方の視点の間を往来しているかの証拠をどの程度示しているか，また，それらの視点を「統合された」視点あるいは第三の視点にどの程度結びつけているかについて問う。

4）長所最大化と短所最小化の妥当性（strength maximization/weakness minimization validity）

　一方の研究アプローチの短所がもう一方の研究アプローチの長所によってどれくらい補完されているのかの程度を問う。

5）順序の妥当性（sequential validity）

　順次的デザインの混合型研究において，先行する質的もしくは量的研究段階から得られた知見（効果，理解，知識，結果）を，後続の質的もしくは量的研究の段階にどの程度活かしきれているか，もしくは積み上げられているかを問う。

6）変換の妥当性（conversion validity）

　データ変換（質的データの定量化および量的データの定性化）の正確性と質，および変換されたデータの適切な解釈の程度を問う。

7）サンプル統合の妥当性（sample integration validity）

　量的および質的研究サンプルの組み合わせからどの程度的確な結論の導出，一般化，およびメタ推論を研究者が行っているかを問う。

8）統合の妥当性（integrative/integration validity）

　データ，分析，結論の統合を研究者がどの程度成し遂げられているかを問う。そして，統合された結果は，ときにメタ推論と呼ばれる。

9）社会政治的妥当性（socio-political validity）

　混合型研究を実施する過程において研究者が，多様な立場や関係者（stakeholder）がもつ利害，価値，視点をどの程度取り込むことができているかを問う。

研究を評価する上では，上記に挙げた正当性の確立項目の一部のみが関わってくる。しかしながら，複数の項目を用いて正当性の確立を示すことが重要であり，そのために特定の研究に関連の深い適切な項目を選ぶことが必要になってくる。

（7, 8）解釈と統合，および研究論文の執筆

　混合型研究の報告論文は，対象となる読者に合わせて複数の論文として出版することができる[5]。つまり，量的研究ジャーナルには量的段階の研究報告書を，質的研究ジャーナルには質的段階の研究報告書を，そして，Journal of Mixed Methods Research（JMMR）をはじめとするMMRジャーナルには，経験的研究としての混合型研究報告論もしくはMMRの方法論に関する議論を投稿することができる。

　混合型研究として一本の論文を執筆する際には，大きく分けて3つのアプローチがある。これらは，（1）質的，量的および両方が統合された結果を別々のセクションを設けて報告する，（2）量的および質的研究結果を研究設問，テーマ，概念別に統合する，そして，（3）質的，量的および混合型研究の結果を1つのナラティブに継ぎ目なく統合する（Bazeley, 2015）方法である。混合型研究の報告論文では，研究全般にわたって「統合」がカギとなり，これはデータ分析，結果，考察，理論的理解・説明を通して見られることが望ましい。もし，このすべての項目において統合が見られなかったとしても，少なくとも報告論文の「考察」（または「総合考察」）部分での統合は不可欠である。

　混合型研究もしくはMMRの方法論的議論に関する論文を執筆する上でのアドバイスは，JMMRの2015年第9巻3号に掲載された"Publishing a Methodological Mixed Methods Research Article"（Fetters & Freshwater, 2015）に詳細が書かれて

---

[5] この主張に関しては，MMR研究者の中で意見の一致が見られていない。たとえば，本学術集会の基調講演者の一人でもあるベイズリー氏は，報告者が混合型研究論文を一本にまとめて出版するべきであると主張している。

VI おわりに

3時間という短い時間ではあったものの，充実した内容の本ワークショップに多くの参加者が満足感を味わっていたようだ。終了時に参加者65名から収集した評価アンケートの結果には，もう少し時間があればという声もあったとはいえ，「分かりやすい内容・説明で，充実した勉強会であった」「『混合』の意味と意義の理解が進んだ」「基本を学びに来たので，とても勉強になった」「他の人から意見をいただき，よかった」といった多くの前向きな感想が寄せられていた。これらの声からも，本ワークショップが参加者にとって有益なものであったことは明らかである。

本ワークショップでは，ステップ・バイ・ステップでMMRの実践に必要な知識を学んでいくため，初学者にとってはとくに敷居が低いものとなっている。また，ワークショップの終着点である自身の研究計画ポスターの完成に至る過程で，参加者はMMRに対する理解を他の参加者や講師との対話によって深めていく。このような協調学習のアプローチを採用しているところも，学びの効果を最大限にする学習環境の提供につながっているといえよう。また，ポスターの完成に伴う達成感や自信を参加者が得ることができるという点においても，大変よく構成されたワークショップであると評価できよう。

本ワークショップの参加者の方々，そして本稿をご覧いただいた読者の皆様が，今後MMRのさらなる発展に貢献してくださることを期待したい。

引用文献

Bazeley, P. (2015) Writing up multimethod and mixed methods research for diverse audiences, in S.N. Hesse-Biber & R.B. Johnson (Eds.), *The Oxford handbook of multimethod and mixed methods research.* (pp.296-313) NY: Oxford University Press.

Creswell, J.W. (2015) *A Concise Introduction to Mixed Methods Research.* Thousand Oaks, CA: Sage.

Curry, L.A., O'Cathain, A., Plano Clark, V.L., Aroni, R., Fetters, M.D., Berg, D. (2012) The role of group dynamics in mixed methods health science research teams. *Journal of Mixed Methods Research, 6 (1)*, 5-20.

Fetters, M.D. & Freshwater, D. (2015) Publishing a Methodological Mixed Methods Research Article. *Journal of Mixed Methods Research, 9 (3)*, 203-213.

Greene, J.C. (2015) Preserving distinctions within the multimethod and mixed methods research merger. In S.N. Hesse-Biber & R.B. Johnson (Eds.), *The Oxford handbook of multimethod and mixed methods research.* (pp.606-615) NY: Oxford University Press.

Greene, J.C., Caracelli, V.J. & Graham, W.F. (1989) Towards a conceptual framework for mixed-method evaluation designs. *Educational Evaluation and Policy Analysis 11 (3)*, 255-274.

Guetterman, T.C., Fetters, M.D. & Creswell, J.W. (2015) Integrating quantitative and qualitative results in health science mixed methods research through joint displays. *Annals of Family Medicine 13*, 554-561.

抱井尚子 (2015) 混合研究法入門―質と量による統合のアート. 東京：医学書院.

謝辞：
バイリンガル資料を作成してくださったミシガン大学家庭医療学講座の本原理子氏と榊原麗氏には，この場をお借りして心より感謝申し上げたい。本原氏と榊原氏のご協力無くしては，国際混合研究法学会アジア地域会議での海外招聘者によるワークショップの成功はなかったであろう。

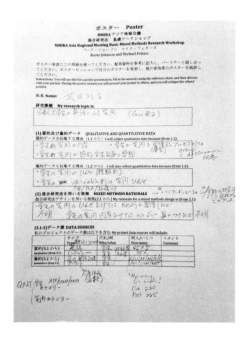

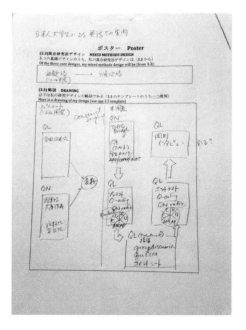

図2-2　ワークショップで作成されたポスター（国際基督教大学 武田礼子氏提供）

最先端の混合研究法デザイン

J・W・クレスウェル *, B・F・クラブトリー **
(報告者：竹之下れみ ***, 井上真智子 ****)

*ミシガン大学 **ラットガース大学
*** 細田診療所, 浜松医科大学 **** 静岡家庭医養成プログラム, Beth Israel Deaconess Medical Center

I はじめに

　混合研究法は，社会科学，行動科学，健康科学など領域の枠を越えて世界中で広がり，その手法も発展をみせてきた。中でも，近年は，比較事例研究や介入型混合研究法などの革新的なデザインが用いられるようになってきている。そこで，本ワークショップは，さまざまな分野の研究者を対象に，最先端の手法を用いた混合研究法プロジェクトのデザインについて理解を深めることを目的としたものである。参加者は，自らの研究設問（research question）に関して，段階的なプロセスに沿いつつ，これらの新しい混合研究法デザインを用いて計画する演習を行った。

　本ワークショップは，国際的に混合研究法の発展に大きなインパクトをもたらしてきた2名の専門家によって行われた。講師のジョン・クレスウェル（John W. Creswell）氏は，国際混合研究法学会（MMIRA）の初代会長であり，30年にわたり，ネブラスカ大学リンカーン校にて，教育心理学教授として在籍し，質的研究および混合研究法に関し多数の書籍を執筆している，混合研究法の第一人者である。現在はミシガン大学 Michigan Mixed Methods Research and Scholarship Program の共同主任として在籍し，混合研究法に関する多数のワークショップの講師を務めている。また，ベンジャミン・クラブトリー（Benjamin F. Crabtree）氏は，ラットガース大学ロバート・ウッド・ジョンソンメディカルスクール家庭医療・地域保健学科教授ならびに研究部長で，医療人類学者である。家庭医療学におけるプライマリ・ケア研究者として30年以上の経歴をもち，プライマリ・ケアの質向上のための組織改革戦略を検証する混合型研究を行ってきた経歴をもつ。

　本ワークショップは大会第1日目午前中の3時間で開催された。ワークショップの最初の時間は，参加者全員の自己紹介からスタートした。氏名，所属，研究分野およびこれまでの混合型研究の経験などについて一人ひとりが述べた。講師は参加者の構成・背景を把握した上で，ワークショップを進めていった。日本以外にも世界各国から計数十名の参加があり，職種や研究領域は多岐にわたった。社会科学系と保健医療系の参加者の割合は半々程度であった。また，ワークショップは主に英語で進められたが，スライドには日・英両方が記載され，日本人参加者にも配慮された形となっていた。

II ワークショップのフォーマットと構成

　今回のワークショップ参加にあたり，参加者は事前に，これから自分が取り組む混合研究プロジェクトの概要を題材として準備してくるよう通知

されていた。その内容としては，研究タイトル案，その研究で扱う問題，研究設問あるいは研究目的，収集する量的・質的データのタイプなどである。

当日は，それらの題材をもとに，準備された「実施ワークシート」を順次埋めていきながら，段階的なプロセスに沿って研究のデザインを完成させるという形式で進められた。その際には，二人一組となり，ステップごとにワークシートに記載し，パートナーにプレゼンして議論する時間をとった。それにより，自身の研究のみならずパートナーのプロジェクトを通じても学ぶ形式となっていた。

「実施ワークシート」は9つのステップから構成される3ページからなるもので，ワークショップは事例を挙げながら，この順に沿って解説とディスカッションが進められた。

1）研究課題を述べる。
2）自分の研究の前後関係，背景および問題について説明する。
3）研究の主要目的を明確にする。
4）量的および質的な研究設問を明確にする。
5）収集する量的および質的データのタイプを明確にする。
6）収集する量的および質的データの分析方法を明確にする。
7）量的および質的データを混合する理由を明確にする。
8）用いる「混合」のタイプを説明する。
9）用いる混合研究デザインのタイプを明確にし，略図（ダイアグラム）を描く。

という9つのステップであった。以下，それぞれのステップについて詳細を述べる。

III 実施ワークシートに沿った解説

（1）ステップ1：混合研究法を示唆するタイトルを考案する

ここではタイトルをどのように決めるかについて，説明がなされた。まず，タイトルは「短く，簡潔に」することが重要で，クレスウェル氏の本の中では10ワード以下にすると説明されている。次に，タイトルには，参加者（研究対象者）が誰であるかを含み，また，「混合研究法」という用語を含むようにと説明された。タイトルは，いつもと違ってユニークなものであるべきだということであった。混合研究法では質的および量的な要素をともに含むため，タイトルでは"中立性を保つ"必要があり，質的または量的な意味に限定される用語を使用しないことが望ましい。質的な用語の例としては「探索」「意味」「発見」「導き出す」など，量的な用語の例として「関係性」「予測」「相関関係」「決定因子」「説明」などが挙げられた。これらの用語を避けるか，あるいは，バランスよく両方を用いることもできる。このように，混合研究法では質的・量的用語のバランスを考えたクリエイティブなタイトルを考案する必要があると説明された。実際の良いタイトル例として，以下が提示された。

・「病院からホームレスシェルターへの移行を理解する：混合研究法，地域参加型アプローチを用いて」

このタイトルには研究対象者および混合研究法という用語が含まれており，「理解する」という質的用語も含まれている。

・「医師にうつ病について話すときの不文律：質的および量的方法を統合して」

この研究は2006年に発表されており，混合研究法自体がまだ確立していない時点であったため「混合研究法」という用語は使用されておらず，「質的および量的方法を統合して」という表現になっている。

・「家庭医療変革の患者ヘルスアウトカムへの影響：混合研究法を用いた評価」

最後に示されたこの例は，現在，実際にクレスウェル氏とクラブトリー氏が行っている研究である。

「影響」という語はより量的な意味をもつが，混合研究法という言葉が用いられていることで，研究デザインが明確となっている。この研究プロジェクトはESCALATESという略称で呼ばれており，本ワークショップ全体を通して例として用いられた。

ここで1分間の時間が与えられ，おのおの自分の研究タイトルをワークシートに簡潔に記載するよう指示された。

（2）ステップ2：研究の前後関係，背景および問題点を説明する

ここでは，研究のテーマが何を問題にしているのか，つまり研究の内容がどういう疑問や背景から生まれてきたのかについて明確に言葉で表現することの必要性が説明された。

問題のタイプとしては，文献に基づくものと，診療や教育などの実践に基づくものの2つに分けられる。たとえば，前者については文献が不足している，矛盾した結果が文献上で報告されている，といった場合である。後者は，実践現場の改善，現場での理論展開，政策改善の必要性や，少数派の声をすくいあげる必要性などが考えられると説明された。

例として，ESCALATESプロジェクトにおける背景の問題が次のように提示された。

「家庭医は，患者が血圧コントロールについて考えるよう促す重要な役割を担っているが，実際にはあまりそのような話を患者に行っていない。そこで，外部のファシリテーターによる介入で診療の変化をもたらしたいと考えているが，どのような介入方法が，診療のあり方や患者とのコミュニケーション，そして，血圧コントロールの改善に最適であるのかはまだ分かっていない」

ここで，ワークシートに2文で各自の研究の背景にある問題点を書きだすように指示された。また，混合研究法プロジェクトを考えるときには，自分一人で質的および量的な研究の両方を実施するわけではない。誰かとチームを組んで複数で行うことになる。そこで，この段階で，どのようにチームを構成して研究を進めていくか考えておかなければならないとアドバイスがあった。

（3）ステップ3：研究の主要目的を明確にする

次に，研究の流れとは逆になるが，まずは，研究プロジェクトが終わるまでに何を達成したいかを明確にし，そのためにどのような方法をとるべきかを考えるように説明された。複数の目的を述べ，1つをもう1つの上に積み上げるように記載する，また，質的な目的，量的な目的，および混合研究法における目的をそれぞれ記載し，質および量の結果をどのように統合するかを記載する，といった方法がある。また，目的の述べ方としては，はじめに内容を述べ，次に方法を説明する形がよいとされた。

ESCALATESプロジェクトの例として以下のように提示された。

「我々の目的は，質改善（QI）方策を用いた家庭医療科の診療の変革は，診療と患者の血圧の双方に変化をもたらすことができるのかを検討することである」

ここで，自身の研究の主要目的を端的に書きだす時間が与えられた。次に，二人一組となり，それぞれパートナーに対し，3～4分で自身のワークシートのステップ1～3について説明する時間をもった。

（4）ステップ4：量的および質的な研究設問を明確にする

次に，量的研究設問と質的研究設問の特徴，違いについて解説があり，それぞれの例が示された。

ESCALATESプロジェクトの研究設問は，以下の通りである。

1．患者の血圧のベースライン値と用いられているアプローチは何か（量的な問い）。
2．診療の変革アプローチが導入される状況はどのようなものか（質的な問い）。

表 3-1　量的および質的研究設問の対照表

量的研究設問	質的研究設問
閉鎖型の質問（決まった回答から選択する）	開放型の質問，大まかな質問
用いる変数間の関連をみる	探究したいテーマにフォーカスする
独立変数と従属変数の関連をみる	状況やコンテクストに注目する
用いる変数は理論に基づいている	参加者の生の声に基づいている

3．介入後のアウトカム（診療と血圧コントロール）および介入プロセスの両方を考慮した場合，診療所によって現れる効果に差があるか（量的な問い）。

4．介入のプロセスにおける個々人の体験は，診療やアウトカムの変化をどのように説明できるか（質的な問い）。

5．なぜ診療所によって介入効果に差があるのか。より効果がある診療所ではどのような方策がとられているのか（混合型研究としての問い）。

ここで，参加者はワークシートに，自身の研究プロジェクトにおける質的な問い，量的な問いをそれぞれ1〜2個書き出すように指示された。

（5）ステップ5：収集する量的および質的データのタイプを明確にする

次に，量的および質的データをどのように収集すべきかについての議論がなされた。

量的データの収集方法は，閉鎖型の質問を用いたアンケート，閉鎖型チェックリストを用いた観察，診療記録上の数値データなどが挙げられる。

質的データの収集方法は，開放型の質問を用いた個別面接，フォーカス・グループ・ディスカッション，現場の観察，診療記録上のテキストデータ，参加者による日記などが挙げられる。

実際にESCALATESプロジェクトでは，量的データとして，変化を測定するためのアンケート，診療記録上の血圧の値などが用いられ，質的データとして，介入についてのオンライン日記，面接（インタビュー），現場訪問による観察などが用いられた。

ここで，自身の研究プロジェクトにおいてどのようなデータを収集するかワークシートに記載し，パートナーと共有・議論する時間をとった。

（6）ステップ6：収集する量的および質的データの分析方法を明確にする

量的データの分析には記述的分析，推測分析，多変量解析を用いた前後比較による分析などが用いられる。また，質的データ分析では，質的データのコーディング，テーマ（概念）の抽出・比較，記述的要約といった手法が用いられる。

ESCALATESプロジェクトでは，量的データの分析は，診療の変化に関する記述的分析，多変量解析による前後比較が行われた。また，質的データの分析には，コーディングや概念抽出，記述的要約が用いられた。参加者は各データ分析の方法についてワークシートに記載した。

（7）ステップ7：量的および質的データを混合する理由を明確にする

ここで，重要なポイントとして，混合研究法デザインを選択するにあたり，事前に知っておくべきこととして，次の2点が提示された。

1．量的および質的データを混合する理由
2．どのように量的および質的データを混合するのか（結合，連結など）

フェターズ氏は，混合研究法は「1＋1＝3」になるものだ，つまり，質的研究と量的研究を合わせると，それら単独から得られた結果以上に得るものがある研究法だと言っている。混合研究法を用いることで，さらに新たな情報や知見が得られるという意味である。そこで，なぜ混合するのか，そして，それにより質的および量的研究をそれぞれ単独で行うことで得られるものとは異なる何を得たいのかを研究者は明確にしなければならない。

混合する理由には，以下のようなものがある。

- さまざまな複数の観点を得る，検証のため
- 包括的な理解を積み上げるため
- 統計結果をより深く理解し，説明するため
- 背景・状況を汲み取った尺度を得るため
- 説明する前に探索する必要があるため
- 質的データを実験に加えるため
- 地域の利害関係者を含めるため
- プログラム実施の経過観察のため
- さまざまなケース（事例）プロフィールを作成するため

他の根拠
- より多くの証拠を得られる
- 実践コミュニティ
- 知りたいという熱意
- 質的データと量的データ両方へのアクセス

ESCALATESプロジェクトでは，「統計結果をより深く理解し，説明する」という理由であった。すなわち，「血圧の目標値を達成できている診療所を総合的に理解し，その背景，診療体制，構造を理解するためには，介入方法に関する質的データと量的なベースラインおよび介入後のアウトカムデータが必要である。どのような介入が効果的か，また，その理由を明確にするためにも質的データが必要である」ということであった。

(8) ステップ8：用いる「混合」のタイプを説明する，

2つのデータベースを結びつける方法は，「結合（merge）」「連結（connect）」などがある[1]。量的な結果と質的な結果を「結合」するには，

1. 情報のジョイントディスプレイを作成する。
2. 質的データを量的にカウントできるよう変換する。
3. 結果を横に並べて提示しディスカッションする。

---
1 mergeの訳出については，第1章p.2を参照のこと。

の方法がある。ジョイントディスプレイの例は，Shawらによる論文（Shaw et al., 2013）の図が参考として挙げられた（p.10 図2-1参照）。

また，「連結」は，1つのデータベースからの結果をもう1つのタイプのデータ収集につなげることで可能である。量的結果に基づいて質的データ収集を，質的結果に基づいて，量的データ収集を行うというものである。このときの方法としては，

1. はじめの結果が次のデータ収集の対象者につながる。
2. はじめの結果が次のフォローアップの質問につながる。
3. はじめの結果が次の質問紙作成を適切に行うことにつながる。

たとえば，ESCALATESプロジェクトでは，「連結」が用いられた。最初に行った質問紙による介入前後の量的結果が，その後の質的データ収集，つまり，オンライン日誌や現場視察，フォローアップインタビューにおいてどのようなデータを収集したらよいかにつながっている。

さらに，質的および量的な結果を混合する理由とそのタイプをもとにデザイン選択を行うことになる。次の表のような組み合わせがある（表3-2）。ここで，参加者は自身のプロジェクトについて，混合する理由や混合のタイプについて検討した。

(9) ステップ9：用いる混合研究のデザインのタイプを明確にし，略図を描く

混合研究法のデザインには，基本型として，収斂デザイン，説明的順次デザイン，探索的順次デザインがある。また，応用型のデザインとして，介入，参加型，プログラム評価，事例研究などがある。これらのデザインの中で，どのタイプが自分の研究に適しているかを明確にする必要がある。各デザインの解説と事例をもとに，参加者は自身の計画した研究プロジェクトのデザインを明確にし，略図（ダイアグラム）を記載した。この作業によ

表 3-2　あなたの「混合」する理由と統合タイプを基にデザインを選択する

「混合」する理由	統合タイプ	デザインの選択
複数の観点	データを組み合わせる	収斂デザイン
包括的な理解	データを組み合わせる	収斂デザイン
統計上の結果を説明する	質的結果を用いて量的結果を説明する	説明的順次デザイン
背景状況を考慮し，探索する	質的結果から量的結果まで探索する	探索的順次デザイン
介入試験に加える	組み合わせ，説明，または探索する	介入研究デザイン
地域の利害関係者を含める	組み合わせ，説明，または探索する	参加型研究デザイン
プログラム実施の経過観察	組み合わせ，説明，または探索する	多段階評価デザイン
事例プロフィールの作成	組み合わせ，説明，または探索する	事例研究デザイン

り，これまでのすべてのステップに基づいて自分の混合研究デザインの全体像を把握することができる。この作業を行うには，混合のタイプ，研究デザインなどを十分把握している必要があるため，今回のワークショップの中で一番難しい部分とされた。

最後に，これらの全ステップを経て，参加者のうち一人が全体の前で自分のプロジェクトについて発表を行った。

IV　おわりに

今回のワークショップは，3時間という限られた時間の中であったが，ワークシートを順次埋めていくことで，参加者自身が自分の研究の骨格を明確にすることができ，研究の目的，方法，混合研究法を使用する意味について，講師や他の研究者と議論しながら学ぶことができるしくみであった。自分のプロジェクトのみでなく，ペアとなった相手のプロジェクトについても目的やデザインを考えることを通して，さらに理解の幅を広げることができたといえる。他の研究者のアイデアに触れ，互いの考えを明確化しあう作業は大変刺激的であり，今後の新しい研究の種が生まれるきっかけにもなり得るものと考えられた。

混合研究法は，そのデザインの組み立てや方法論にさまざまなバリエーションがあり，クリエイティビティが高く，初心者にはとっつきにくく感じられることもある。このような実践的なワークショップで，事例を通して理論を学ぶことができる機会は貴重であった。タイトルに「最先端の混合研究法デザイン」とあるように，高度なデザインを組むことも，このステップに沿って検討を進めていけば十分可能であると感じられた。

今後，このようなワークショップを通じ，多くの研究者が混合研究法デザインに精通し，日本でも方法論に関する議論がさらに発展していくことを期待したい。

引用文献

Cohen, D.J., Balasubramanian, B.A., Gordon, L., Marino, L., Ono, S., Solberg, L.I., Crabtree, B.F., Stange, K.C., Davis, M., Miller, W.L., Damschroder, L.J., McConnell, K.J. & Creswell, J.（2016）A national evaluation of a dissemination and implementation initiative to enhance primary care practice capacity and improve cardiovascular disease care: the ESCALATES study protocol. Implementation Science, 11 (86). DOI: 10.1186/s13012-016-0449-8

Fetters, M.D., Yoshioka, T., Greenberg, G., Gorenflo, D.W., Yeo, S.（2007）Advance consent in Japanese during prenatal care for epidural anesthesia during childbirth. J Mix Methods Res, 1 (4): 333-65.

Grad, R.M., Pluye, P., Meng, Y., Segal, B., Tamblyn, R.（2005）Assessing the impact of clinical information-retrieval technology in a family practice residency. Journal of Evaluation in Clinical Practice, 11 (6); 576-586.（Phase 2: QUANT cohort study）

Pluye, P. & Grad, R.M.（2004）How information retrieval technology may impact on physician practice: An organizational case study in family medicine. Journal of Evaluation in Clinical Practice, 10 (3); 413-430.（Phase 1: QUAL multiple case study）

Pluye, P., Grad, R.M., Johnson-Lafleur, J., Granikov, V., Shulha, M., Marlow, B., Ricarte, I.L.（2013）Number

Needed to Benefit From Information (NNBI): Proposal From a Mixed Methods Research Study With Practicing Family Physicians. *Ann Fam Med, 11* (6); 559-567. doi: 10.1370/afm.1565

Shaw, E.K., Ohman-Strickland, P.A., Piasecki, A., Hudson, S.V., Ferrante, J.M., McDaniel, R.R., Nutting , P.A., Crabtree, B.F.（2013）Effects of facilitated team meetings and learning collaboratives on colorectal cancer screening rates in primary care practices: a cluster randomized trial. The Annals of Family Medicine, 11 (3); 220-228.

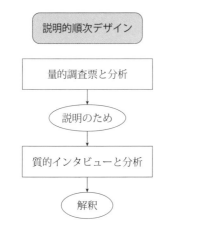

＊質的データが量的データを説明したものでもよい

図 3-1-1　説明的順次デザイン

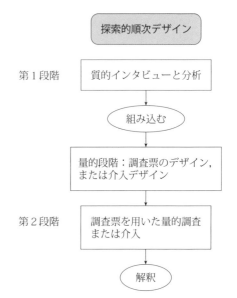

＊一方のデータベースをもう一方のデータベースに組み込んでもよい

図 3-1-2　探索的順次デザイン

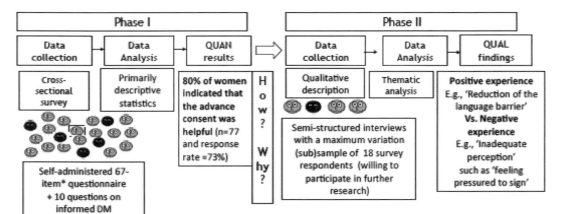

図 3-2　説明的順次デザインの例（Fetters et al., 2007 より）

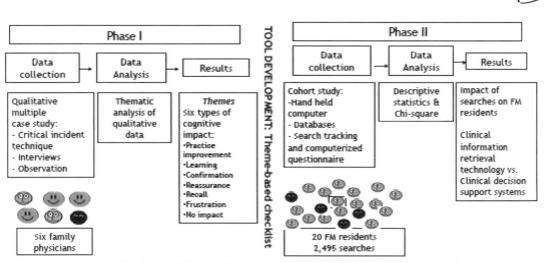

図 3-3　探索的順次デザインの例（Pluye & Grad, 2004 および Grad et al., 2005 より）

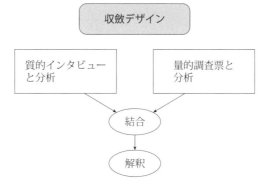

＊一方のデータベースをもう一方のデータベースと
　結合させてもよい

図 3-4　収斂デザイン

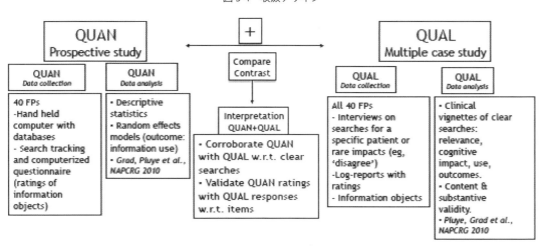

図 3-5　収斂デザインの例（Pluye et al., 2013 より）

＊説明的順次デザイン，または探索的順次デザイン，または収斂デザインを介入試験に取り入れてもよい

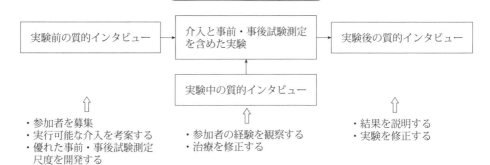

図 3-6　介入研究型混合研究法デザイン

＊説明的順次デザイン，または探索的順次デザイン，または収斂デザインを地域参加型研究に取り入れてもよい

図 3-7　地域参加型研究の枠組み

＊説明的順次デザイン，または探索的順次デザイン，または収斂デザインを評価研究に取り入れてもよい

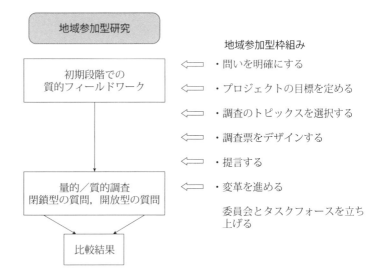

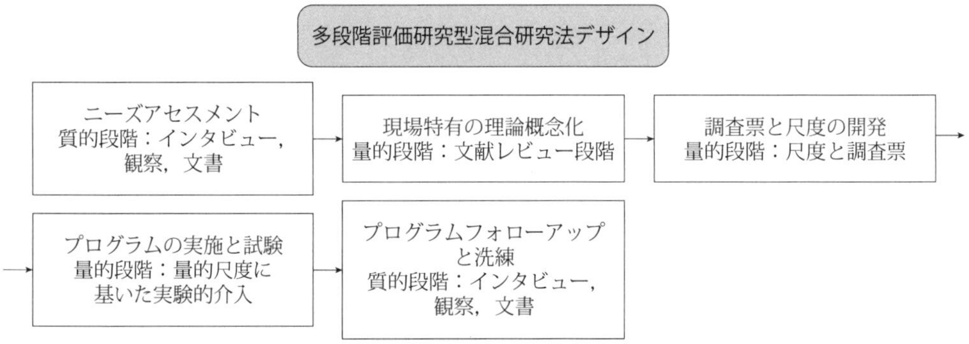

図 3-8　多段階評価研究型混合研究法デザイン

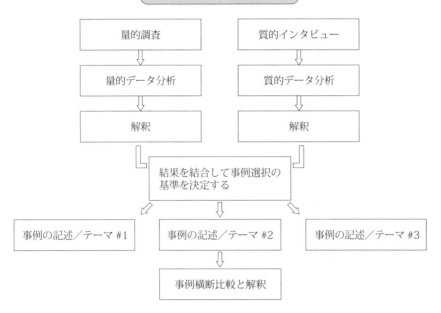

図 3-9　事例研究型混合研究法デザイン

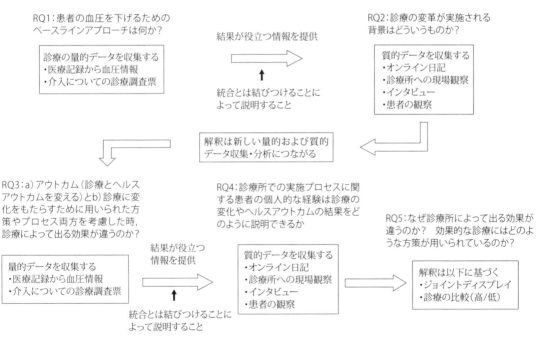

図 3-10　家庭医療科における診療の変化が患者の血圧低下に役立つかについての説明的順次デザインによる評価
（Cohen et al., 2016 を基に作成）

実施ワークシート　1

研究課題

協力者とその人の専門知識
名前_____　専門知識_____   名前_____　専門知識_____   名前_____　専門知識_____

自分の研究につながる前後関係，背景および問題について説明

自分の研究の主要目的の説明

自分の質的リサーチにおける問いは何か	自分の量的リサーチにおける問いは何か

どのように質的データを集めるか	どのように量的データを集めるか

どのように質的データを分析するか	どのように量的データを分析するか

● *Introducing Mixed Methods Research*

実施ワークシート　2

自分の混合研究法デザインの選択	
なぜ自分の研究に混合研究法が適切なのか	
どんな統合タイプを使用するか	
どのようにデータを結合（merge）するかの説明	どのようにデータを連結する（connect）のかの説明
どのタイプの基礎デザインを用いるか 　　収斂デザイン 　　説明的順次デザイン 　　探索的順次デザイン その選択に関する説明	どのタイプの応用型デザインを用いるか 　　介入 　　参加型 　　プログラム評価 　　事例研究 その選択に関する説明

実施ワークシート　3

自分の混合研究法デザインの略図（ダイアグラム）

　　デザインタイプ＿＿＿＿＿＿＿＿＿＿＿＿＿＿＿＿＿＿＿＿＿＿＿＿＿＿＿＿＿＿

自分の混合研究法デザインの略図（ダイアグラム）を書いてください

Introducing Mixed Methods Research

第4章 ワークショップ 3

混合研究法としてのグラウンデッドなテキストマイニング・アプローチ

稲葉光行＊・抱井尚子＊＊
＊立命館大学政策科学部　＊＊青山学院大学国際政治経済学部

I　はじめに

本ワークショップでは，混合研究法（mixed methods research；以下 MMR）の一手法としての「グラウンデッドなテキストマイニング・アプローチ」（GTMA; grounded text-mining approach）を紹介する。GTMA は，構成主義的グラウンデッド・セオリー・アプローチ（C-GTA）（Charmaz, 2006／抱井・末田監訳, 2008；2014）に基づく研究者自身による質的データ分析と，コンピューターを用いたテキストマイニング技術を統合した手法である。つまり GTMA は，データ変換――量的データの定性化もしくは質的データの定量化――を通して，現象への深い理解や知識発見を目指す「変換型混合デザイン（conversion mixed design）」（Teddlie & Tashakkori, 2009）の一種である。GTMA によって研究者は，逐語録や対話ログなどのテキストデータから，研究者が持つ感受性とコンピューターによる客観性の双方を活かした分析結果を得ることが可能となる。

本ワークショップの前半では，質的研究主導型 MMR および GTMA の概要と理論的な位置づけについて説明する。後半では，フリーソフトウェアを用いた具体的なデータ分析の手続きについて解説する。この手続きには，（1）テキストの精読，（2）C-GTA に基づく質的データ分析，（3）テキストマイニング技術を用いた言語学的分析，および（4）収束的・発散的な解釈結果の統合，が含まれる。

II　質的研究主導型 MMR としての GTMA

（1）MMR の概要

クレスウェルとプラノ・クラーク（Creswell & Plano Clark, 2007, p.5）によれば，「MMR とは，哲学的前提および調査方法を兼ね備えた研究デザインの一形態である。方法論（methodology）として，研究プロセスの多くの段階において質的・量的アプローチのデータ収集，分析，および混合の方向性を導く哲学的前提を備え，方法（method）として，単一もしくはシリーズの研究において，質的・量的両方のデータを収集，分析，統合することに焦点を当てる。MMR がもつ重要な前提は，量的・質的アプローチを組み合わせて使用することで，どちらか一方の研究アプローチを使用したときよりも研究課題に関するより良い理解が得られるというもの」である。

MMR の実践においては，一方の研究アプローチからの縛りを容認する柔軟性が必要である。なぜならば，2つのアプローチは常に対話することを余儀なくされ，研究設問（research question）にしたがって互いに調整し合うことを求められるからである。

（2）MMRデザインの3つの原型

MMRデザインには3つの原型がある（図4-1）。「並列（concurrent）デザイン」は，質的および量的データ収集・分析のそれぞれが，もう一方に影響されていないというものである。近年このデザインは，「収斂（convergent）デザイン」と呼ばれるようになっている。「順次（sequential）デザイン」では，2つのデータ収集・分析の間に順序関係がある。つまり最初の段階におけるデータ収集と分析の結果に基づいて，次の段階でどのようなデータを収集するかが決定される。「埋め込み（embedded）デザイン」では，2つのデータ収集・分析の間に従属関係がある。たとえば大規模な量的研究の中で小規模な質的研究を実施することで，量的研究を補完するといった手法である。逆に大規模な質的研究の中で量的研究を実施することで，質的研究を補完する手法もあり得る。

（3）MMR誕生の歴史的経緯

MMRは，1950年代から1980年代までの形成期において，一種のトライアンギュレーションの考え方から始まった。1970年代から1980年代を中心に展開したポスト実証主義に基づく量的研究と，構成主義・解釈主義に基づく質的研究の間のパラダイム論争を経て，1980年代後半から1990年代には，両者の立場を折衷するものとしてMMRの考え方が生まれてきた。

さらに近年では，「MMRは質的研究に従属的役割しか与えていない」（e.g., Freshwater, 2007; Howe, 2004; Giddings, 2006）という質的研究者の批判から生まれた質的研究主導型MMR（qualitatively-driven MMR）も加わり，現在は伝統的なMMRと質的研究主導型MMRという2つのアプローチが共存する状態になっている。2つのアプローチの間には，パラダイム論争期のような「対立」（either-or）の関係はなく，「共存」（both-and）の関係が存在する。これは，バーク・ジョンソンがMMIRAアジア地域会議／第1回日本混合研究法学会年次大会の基調講演において主張している「包摂的科学」の考え方に通じるものである。

（4）質的研究主導型MMRとは

近年，質的研究主導型MMRに関する議論（Hesse-Biber, 2010; Hesse-Biber, Rodriguez & Frost, 2015）が益々盛んになっている。質的研究者が寄稿者の60%を占める *The Oxford Handbook of Multimethod and Mixed Methods Research Inquiry* が2015年に出版されたことは，この潮流を具体的に示すものである。ジョンソンとともにこのハンドブックの編者を務める社会学者のシャーリーン・ヘッセ・バイバー（Sharlene Hesse-Biber）は，質的研究主導型MMRコミュニティにおいて中心的な役割を担っている研究者の一人といえよう。

ヘッセ・バイバー（Hesse-Biber, 2010）によると，質的研究主導型MMRを伝統的なMMRと区別するポイントは，用いられるデータや分析手法にあるのではなく，調査者が研究をどのような哲学的立場（存在論，認識論）から実施するかにある。また質的研究主導型MMRが選択された場合，客観性重視のポスト実証主義と，主観性重視の解釈主義の連続性の中間に自身の立ち位置を求める研究者が多い。たとえば，研究プロジェクトにおける核となる部分は質的研究アプローチにより実施し，量的研究アプローチは研究の核（質的研究部分）を補足する目的で用いられる場合が多い。図4-2は伝統的MMRと質的研究主導型MMR

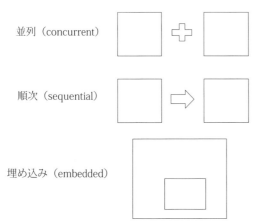

図4-1　MMRデザインの3つの原型
（抱井，2015, p.77より）

図4-2 伝統的MMRと質的研究主導型MMRの位置づけ
（抱井，2015, p.18 より）

の関係を図示したものである。

（5）変換型混合デザイン

本ワークショップで紹介するGTMAは，テドリーとタシャコリ（Teddlie & Tashakkori, 2009）によって提案された「変換型混合デザイン（conversion mixed design）」（図4-3）という，MMRの新しい枠組みに基づいた質的研究主導型MMRであるといえる。

変換型混合デザインで用いられる手法の1つは，質的データを量的データに変換する「データの定量化（quantitizing）」である。たとえば，インタビューやアンケートの自由記述によって得られた質的データであるテキストデータを，単語の出現頻度，単語の共起率，0-1コーディングなどによって数量化し，その結果をもとのテキストデータと照合し比較・検討することで，テキストデータを深く理解することを目指す。

このデザインで用いられるもう1つの手法は，量的データを質的データに変換する「データの定性化（qualitizing）」である。定性化の具体的な例としては，（1）比率尺度から間隔尺度への変換（たとえば年収を100万円単位に分ける），（2）間隔尺度から順序尺度への変換（たとえばテストの得点を優・良・可・不可にマッピングする），（3）中央値・平均値による分割（たとえば，高介入群・低介入群に分ける），といったことが行われる。

本ワークショップで紹介するGTMAの手法は，インタビューやアンケートの自由記述で行われるテキストデータに対してテキストマイニング技術を適用することで，「データの定量化」を行う新しい手法である。

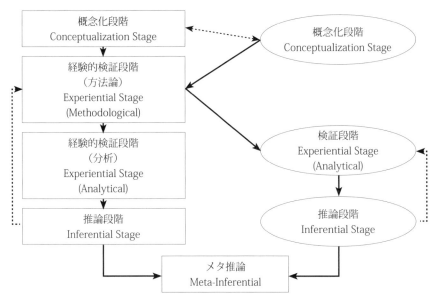

図4-3 変換型混合デザイン（conversion mixed design）
（Teddlie & Tashakkori, 2009, p. 155 より筆者訳）

III グラウンデッドなテキスト・マイニング・アプローチ（GTMA）

GTMA は，C-GTA とテキストマイニング手法を組み合わせた，変換型混合デザインに基づく分析手法である。GTMAではまず，研究者がC-GTAの手法を用いてテキストデータを分析することで，コードやカテゴリといった質的データが生成される。次に，テキストマイニング手法によって，同じテキストデータから，語句の出現頻度や関係構造に基づく量的データが生成される。さらに，C-GTAによって生成された質的データと，テキストマイニングの定量化の結果を統合・検討する「メタ推論」を行うことで，それぞれの分析を単独で行った場合に比べ，テキストデータに対する深い理解を得ることが可能となる。

（1）構成主義的グラウンデッド・セオリー（C-GTA）

GTMA の第1段階として研究者が行う解釈主義的な分析には，シャーマズ（Charmaz, 2006/ 抱井・末田監訳 2008；2014）が提案する C-GTA が用いられる。

グレイサー＆ストラウス（Glaser & Strauss, 1967/ 後藤・大出・水野訳，1996）によって提案された古典的な GTA は，ポスト実証主義の影響のもと「客観主義的アプローチ」の立場を取る，いわば「客観主義的 GTA」ということができる（Charmaz, 2000 ／平山監訳，2006）。そこでは，データそれ自体が現実を映す中立的なものと考えるため，データ収集に研究者が介在することで「データがどのように産出されるか」という点には注意を払わない。彼らの方法は，質的研究の手法でありながら，量的研究に近いゴールをもっているということができる。

一方で，シャーマズ（Charmaz, 2006 ／抱井・末田監訳，2008；2014）が提案する C-GTA は，客観主義的 GTA の捉え直しから生まれた，「構成主義的・解釈的アプローチ」の立場をとる新しい手法である。そこでは，データは，研究者と研究参加者との間で共有された経験や関係によって創りだされるものと考える。つまり C-GTA は，実証主義とポストモダンの中間に位置する研究戦略であり，存在論的に相対主義的立場をとり，認識論的に主観主義的立場をとる。そこでは，研究参加者および研究者双方の多様な視点と多元的現実の存在が前提とされる。そして研究者自身と研究参加者が置かれた状況，さらには両者の相互作用によってどのように「データが生成されるのか」という点についても，内省的に検討を行うことが推奨される。

（2）テキストマイニングの概要

GTMA で用いられるもう1つの重要な手法は，テキストマイニング手法である。この手法は，コンピューターによる自然言語処理や統計学的分析を用いることで，構造化されていないテキストデータの中から，有用な知識や情報を抽出するものである。

図 4-4 は一般的なテキストマイニング手法のプロセスを表したものである。まず，形態素解析（分かち書き）によってテキストデータを品詞ごとに分割する。次に，分割された語句の間の文法的な関係構造を「構文解析（係り受け分析）」によって抽出する。抽出された語句，あるいは関係構造は，多変量解析などの統計的な手法に基づいて視覚化される。その結果をもとに研究者がテキストデータの概観や特徴を解釈することで，有用な知識や情報が効率よく抽出される。

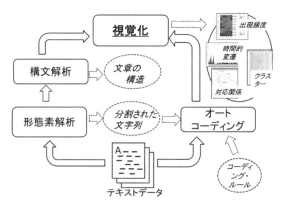

図 4-4 テキストマイニング手法の分析プロセス

また,「オート・コーディング」と呼ばれる機能を用いることで,テキストデータに対して自動的なコード化を行うことができる。この機能を使うためには,まず人間が「コーディング・ルール」と呼ばれる語句のパタン(たとえば,「私」と「告知する」という語句が同じ文中に出現していたら,「告知肯定」というコードが出現したとみなす,といったルール)を定義する。それをテキストマイニングツールに入力することで,テキストデータから自動的にコードを抽出することができる。

テキストマイニングは,近年のコンピューター技術の進歩と,インターネットを介してやりとりされるテキストデータの増加を背景として,大量のテキストデータから有益な知見を掘り起こす手法として急速に普及している。たとえば,アンケート調査における自由回答欄の分類・類型化,新聞記事・雑誌・論文などの動向・傾向分析,メーリングリストやSNSなどにおける発言内容の傾向分析などに用いられている。

(3) GTMAの枠組みとプロセス

図4-5は,GTMAの枠組みと実践プロセスを表わしている。ここで示されているように,この手法は,研究者によるテキストの熟読(Step 1),C-GTAに基づくデータ分析(Step 2),テキストマイニング手法に基づく半自動的なテキスト分析(Step 3),そしてそれまでに得られた結果に対するメタ推論(Step 4)を含む,一連のサイクルである。

GTMAの実践においては,Step 1から4を順番に実施するだけでなく,メタ推論の段階で何らかの矛盾点や疑問点が生じた場合,再び分析の過程の一部あるいは全体をスパイラル的に繰り返すことも重要である。メタ推論の後にStep 1が再び行われる際には,テキストデータ化の過程での間違いなどを修正する作業が行われる。Step 2では,コード化・カテゴリー化の方法を再検討し,場合によってはそれらの作業をやり直す。Step 3では,辞書や語句パタンの再定義,あるいはパラメタを再設定した上で,クラスターや関係性を再度視覚化する作業などが行われる。これらを繰り返し,全体として矛盾点・疑問点がなくなったと判断されれば,それまでに得られた知見を新しい知識としてまとめる作業が行われる。このようなスパイラル的な過程を経ることで,Step 1,2,3をそれぞれ単独で実施するのに比べて,テキストに対するより深い理解が得られる。

この手法の最も大きな特徴は,研究者自身によるテキストデータの解釈と,コンピューターによる言語処理や統計的分析による可視化を併存・統

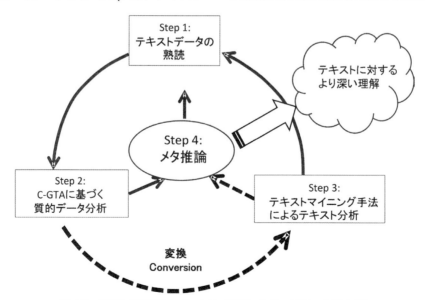

図4-5 GTMAの枠組みとプロセス(稲葉・抱井,2011,p.259より)

合させるというアプローチである。研究者はまず、自身の解釈によってテキストデータに含まれる質的な特徴を見出す。そしてその結果と、コンピューターによってテキストデータを定量化したデータとを比較・検討する。この手順は、前述した「変換型混合デザイン」（Teddlie & Tashakkori, 2009）に該当する。このアプローチによって、研究者自身の主観性・感受性に基づく深い理解と、客観性をもった形での分析結果の提示という、一見相反する2つの方向性を統合することが可能となる。

以下では、図4-5で示したそれぞれのステップの概要を述べる。

Step 1：テキストデータの熟読

研究者はまず、分析対象のテキストデータを熟読することによって、自身の感受性に基づいて、テキストデータ全体に対する印象を形成する。データがどのような状況で誰によって収集されたかを踏まえた上で、テキストデータの全体としてどのような論点・話題・意見が含まれているのか、また発言者ごとにどのような違いがあるのか、といったことについておおまかな印象を形成する。

またこの過程では、テキストデータ中の表現や言い回しについての詳細な確認を行う。たとえば逐語録の場合、ICレコーダーに録音された発言が適切にテキストデータ化されているのかを確認する。入力ミスや変換ミスに加えて、もとの発言において文法的に間違った語句や辞書にない語句が用いられる可能性もあり、それらをそのままの形で分析するのか、あるいは修正するのかといった検討を行う。当然ながらこの作業は、オリジナルデータの真正性を崩さない範囲で行う。データに対して何らかの加工が行われた場合や、辞書登録などが行われた場合は、論文等で可能な限りその手順を公表することも重要である。

Step 2：C-GTAに基づく質的データ分析

テキストデータの熟読の後、C-GTA（Charmaz, 2006／抱井・末田監訳, 2008；2014）に基づくコード化を行う。C-GTAのコード化では「初期段階のコード化（initial coding）」と「焦点化のためのコード化（focused coding）」が行われる。前者は、それぞれの単語、行、出来事などに名前をつける作業である。後者は、「データを分類し、総合し、統合し、整理するために最も有意義で頻出するコード」（抱井・末田監訳, p.55）を見つけ出す作業である。

初期段階のコード化では、テキストデータからの不自然な飛躍を避けることが重要であるが、「焦点化のためのコード化」においては、研究参加者の「独自の現実の見方に順応していく」（前掲書）ことを心がけながら、テキストデータに含まれる「声」を的確に言葉として言い表わしていくことも重要である。

さらにGTMAでは、初期段階のコード化によって生成されたコード群と、それらを基に生成された焦点化コード群の対応関係を表として保存しておく。この表は、テキストマイニング手法におけるオート・コーディングのためのルールファイルの元データとなる。

Step 3：テキストマイニング手法に基づくテキスト分析

次に、テキストマイニング手法によって、テキストデータに対する定量化を行う。まず形態素解析や構文解析を含む言語学的解析を行い、次に多変量解析の手法によって、クラスターの分析や、発言者といった属性と語句の関係性に関して視覚化を行う。また、コンコーダンス機能（文脈の中で特定の単語がどう使われているのかを分かりやすく表示する機能）などを用いて原文を参照することで、特定の語句と、その語句が用いられている文脈を確認する。さらに、C-GTAによって生成したコーディング・ルールを用いて、テキストデータ中のコードの出現頻度などを視覚化する。

これらの作業を行うことで、テキストデータに含まれている重要な知識情報を掘り起こすことを目指す。

Step 4：メタ推論

前述した2つの分析の後、それらの結果に矛盾点・疑問点がなく、かつテキストで語られている現象が適切に可視化されているかどうかを検討する作業を行う。何らかの矛盾点や疑問点があれば、

テキストマイニングにおけるコーディング・ルールの見直しなどを行う。さらに，C-GTA のコード化の段階まで遡り，分析をやり直すことも検討する。このようなサイクルを，研究者自身が感じる矛盾点や疑問点が解消されるまで継続する。

古典的な GTA では，「理論的飽和」（Glaser & Strauss, 1967／後藤，大出，水野訳，1996）に達するまで継続的比較法による分析が繰り返されるが，GTMA では，C-GTA による解釈とテキストマイニングによる視覚化との間に矛盾や疑問点がなくなるまで，分析やコーディング・ルールの変更などを繰り返す。これは一見冗長な作業に思えるかもしれないが，このサイクルを繰り返すことで，研究者は，テキストデータの熟読のみ，あるいはテキストマイニングによる定量化のみでは達成困難なレベルまで，テキストデータを深く理解し，そこで語られているストーリーを読み取ることが可能となる。

（4）GTMA による分析事例

以下では，本ワークショップの講師らが関わった GTMA による研究事例（稲葉・抱井，2011）を紹介する。

① 研究目的とデータ収集

この研究の基になったデータは，Kakai（2009）において用いられたものである。データ収集の目的は，がん告知を題材として，日本人の医療倫理的意思決定がどのようになされるかを明らかにすることであった。具体的には，祖父母，両親，配偶者，そして未成年の子どもに対してがん告知を行うべきかどうかの判断を求められる状況において，日本人はどのような意思決定をするのかという点について調査が行われた。データ収集では，日本においてがん告知がそれほど一般的とはいえなかった1997年に，米国の大学に短期語学留学中の5人の日本人（二十代の独身女性4名と四十代の既婚男性1名）を対象に，以下の5つの状況を題材としたフォーカス・グループ・インタビューを実施した。

状況1：祖父母が末期がんであるとしたら本人（たち）に告知すべきだと考えるか
状況2：自分の両親が末期がんであるとしたら本人（たち）に告知すべきだと考えるか
状況3：配偶者が末期がんであるとしたら本人に告知すべきだと考えるか
状況4：子ども（未成年）が末期がんであるとしたら本人に告知すべきだと考えるか
状況5：自分自身が末期がんであるとしたら告知してほしいと考えるか

② テキストデータの熟読（Step 1）

GTMA に基づく研究として，まずフォーカス・グループ・インタビューで得られた逐語録を通読し，研究者自身の感性に基づいてテキストデータ全体に対する印象を形成した。たとえば，全体として告知肯定が多いのかどうか，誰が告知に肯定的あるいは否定的なのか，その理由はどのようなものであるのか，といったことに対しておおまかな印象を形成した。

またこの過程で，テキストデータ中の詳細な表現や言い回しについての確認を行った。たとえば，「告知をする」という意味で，「言う」「伝える」「知らせる」などのさまざまな表現が使われていることなどを確認した。

③ C-GTA に基づく質的データ分析（Step 2）

表 4-1 は，前述したがん告知をめぐるフォーカス・グループでの議論の逐語録を表にしたものである。

表中の「状況」列には，がん告知に関する対象が並んでいる（ここでは祖父母への告知のみである）。「名前」列には，研究参加者の名前（仮名）が示されている。「内容」列には各発言が入力されている。

表の右側には，C-GTA に基づくデータ分析の結果が入力されている。「初期コード」（単語ごと）は，発言から重要な語句を抽出した結果である。「初期コード」（行ごと）は，それらを1文としてまとめたものである。「焦点化コード」は，初期コードを参考とし，研究目的などとの関係を踏まえて分かりやすい文章として表わしたものである。

表 4-1 C-GTA に基づくコーディングの例（一部）
(稲葉光行・抱井尚子, 2011 より)

状況	名前	内容	初期コード （単語ごと）	初期コード （行ごと）	焦点化コード
1_祖父母	ユカ	祖母の性格から，末期がんだと知ったら，このあとはもう死ぬだけだと思って，ただ悲しい日々を過ごす，だろうと思うので，残りの生活を，楽しく，過ごしてもらうために，あの，伝えないで，もらいたいと思います。	性格，悲しい，楽しく，伝えない	悲しませないために，告知をしない	心的要因から，告知しない
1_祖父母	タカ	僕のほうはですね。えと，僕の祖母はやっぱり同じなんですよ。気が弱そうですから，きっと聞いたら，悲しくなって，逆に悪化するだけだと思うんですね。	気が弱そう，悲しく，悪化する	悲しませないために，告知をしない	
1_祖父母	マキ	私は告知は望まないほうですね。うちの場合は，うちの祖父は，すでにもう 90 近くですので，まあ，今更，そういうショックを受けさせて，そのショックのまま死なせるよりも，すこし早まるかもしれないけども，もうそのまま，楽しいまま，死んでもらったほうが，幸せなんじゃないかなあと。	90 近く，ショック，楽しいまま，幸せ	余生を楽しいまま過ごしてもらうために，告知をしない	年齢的要因から，告知しない

なお，シャーマズ（Charmaz, 2006／抱井・末田監訳, 2008；2014）も述べているように，初期段階のコード化から焦点化のためのコード化に移るプロセスは，直線的なものではない。つまり，焦点化のためのコード化の過程で新しいアイデアや疑問点が浮上し，それらを確認する意味で，初期段階のコード化に対する再検討が行われる場合もある。

④ テキストマイニングに基づくデータ分析（Step 3）

次に，フォーカス・グループ・インタビューの逐語録を，テキストマイニングツールの一種である KH Coder（樋口, 2004; 2006; 2014）を用いて分析した。

具体的な分析手順は次の通りである。まず，フォーカス・グループ・インタビューの逐語録に対して形態素解析を行った。そして，そこで抽出された語句の中で，出現頻度の高い語句を取り出し，語句と発言者の対応関係を多変量解析の一種である対応分析によって視覚化した。

さらに，「初期コード（単語ごと）」と「焦点化コード」の関係を，KH Coder のコーディング・ルールファイルとして定義した（図 4-6）。その後この定義に基づいて，KH Coder のオート・コーディング機能を用いて，フォーカス・グループでの議論における，5つの仮定的状況と焦点化コードとの関係をマトリックス形式で視覚化した（図 4-7）。

```
*告知肯定
 '告知する'or near（告知-する）or'知らせる'or'伝える'or'教える'or near（嘘-ない）or（言う &!' 言えない'&!' 言わない'&!' 言えません'）
*告知否定
 '告知しない'or'告げない'or'知らせない'or'伝えない'or'教えない'or'言えない'or'言わない'or'言えません'or near（告知-避ける）or'隠す'or'告知は望まない'or'言ったおかげで逆'
*告知要求
 '知りたい'or near（告知-欲しい）
*自己決定・権利
 '自分が決め'or'自分で決め'or'私が決め'or'本人が決め'or'行きたい所'or'欲しい物'or'いろいろなことができる'or'したいこと'or'したい仕事'or権利 or'言われないで不安'
*社会的責任
 near（社会-責任）or 財産 or 身辺 or'人間関係'or'整理'or'残す'or near（人生-計画）or'話し合うべき'or'家族がある'
*年齢的要因
 年齢 or 歳 or 幼い or 若い or 小さい
*心的要因
 希望 or 夢 or 性格 or'気が弱'or 恐怖 or 恐い or 悲しい or 楽しい or 幸せ or 残酷 or ショック
```

図 4-6 KH Coder のコーディング・ルールファイルの例

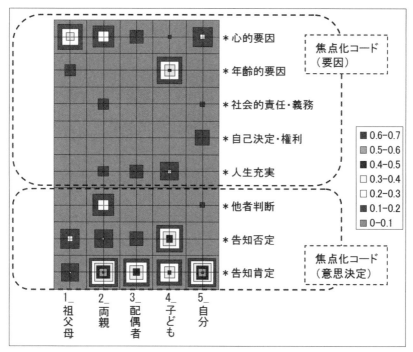

図 4-7　5つの仮定的状況と焦点化コードのマトリックス
（点線部分は KH Coder の出力結果に筆者が加筆）

⑤　メタ推論（Step 4）

以下では，がん告知をめぐるフォーカス・グループの議論に対して，GTMA に基づくメタ推論を行った例について述べる。

1）テキストマイニングの結果からの推論

図 4-7 は，図 4-6 で示した KH Coder のコーディング・ルールを基に，フォーカス・グループで議論した 5 つの状況（X 軸の見出しとして表示されている）と，焦点化コード（Y 軸の見出しとして示される）との関係性を，テキストマイニングソフトである KH Coder のエクセル連携機能によって，マトリックスとして視覚化したものである。中心部の四角は，コードの出現頻度を，10％単位で描画された入れ子として表現している。また，入れ子の数が多ければ多いほど，その焦点化コードの出現頻度が高いことを示している。

図 4-7 を参照することで，「人生充実」，「自己決定・権利」，「社会的責任・義務」，「年齢的要因」，「心的要因」といった 5 つの「焦点化コード（要因）」と，「告知肯定」，「告知否定」，「他者判断」という 3 つの「焦点化コード（意思決定）」の間の関係性がよりよく理解できる。たとえば「祖父母への告知」（図 4-7 の「1_ 祖父母」という属性の列）を見ると，「焦点化コード（要因）」に関しては，「心的要因」の入れ子が多く，「年齢的要因」にもわずかに四角が出現している。そして「焦点化コード（意思決定）」に関しては，「告知肯定」と「告知否定」に関する等高線が現れており，わずかに「告知否定」の入れ子が多い。これらの結果から，このインタビューの参加者の間では，祖父母の告知に対して，心的要因から，どちらかと言えば告知に否定的な判断が行われているということが推測される。

さらに図 4-7 の基になった図 4-6 の KH Coder のコーディング・ルールの最下部を見ると，「＊心的要因」のコードにマッチングするものとして，「性格」「悲しい」「楽しい」という語句が並んでいる。つまり KH Coder は，これらの語句を含む発言を「＊心的要因」というコードを含むものと認識し，同時に「伝える」という語句を「＊告知肯定」のコードを含む文として認識したことが分かる。

2）テキストマイニングとC-GTAによるコーディングの振り返り

メタ推論では，テキストマイニングによる視覚化の結果に加えて，C-GTAによるコーディングの過程を振り返ることで，研究者がテキストをどのように解釈していたのか，またその解釈は妥当なものであるかという点を検討する。たとえば表4-1の最初の「ユカ」の発言に着目すると，研究者はC-GTAの過程で図4-8に示すコーディングを行っている。

次に，図4-8に示したC-GTAによるコーディングが，図4-6のテキストマイニング用のコーディング・ルールファイルにおいてどのように実装されているかを確認する。図4-6では，「＊心的要因」というコードにマッチするパタンとして，「性格」「悲しい」「楽しい」といった語句の原型が含まれている。また「＊告知否定」のコードにマッチするパタンとして「伝えない」という語句が含まれている。つまり図4-8のC-GTAによるコーディングと，図4-6のテキストマイニングによるコーディングはほぼ等価であり，クロス集計として視覚化された結果も研究者が最初に形成した印象と大きく異なっていない。

これらの結果から，少なくとも「ユカの発言」に関しては，祖父母の告知への否定的な態度とその理由について，テキストマイニングソフトによる視覚化の結果と，C-GTAによるコーディングの間には大きな齟齬がないと判断できる。つまり，研究者とテキストの対話によって生成された解釈がコンピューターでもほぼ適切に視覚化されていると考えてよい。

ここで示したように，メタ推論では，テキストマイニングによる視覚化の結果とC-GTAによるコーディングの過程を振り返り，研究者の感受性に基づくコーディングとコンピューターによるコーディングの整合性を確認していく。そしてその過程を通じて，研究者が気づかなかった自分自身の感受性やコーディングスタイルへの気づきが生まれ，またそこから研究者がテキストデータの特徴を，さらに深くかつ詳細に理解するきっかけが作られていく。コンピューターによる客観的な視覚化の結果との対話を通して，研究者自身が自分への気づきを持つことが，GTMAが目指すゴールの1つでもある。

IV　おわりに

本ワークショップでは，C-GTAに基づく研究者自身による質的データ分析と，コンピューターを用いたテキストマイニング技術を統合した，質的研究主導型MMRの一手法としてのGTMAを紹介した。GTMAによって研究者は，逐語録や対話ログなどのテキストデータから，研究者が持つ感受性とコンピューターによる客観性の双方を活かした分析結果を得ることが可能となる。

また本ワークショップでは，先行研究としてワークショップの講師らが行った，ガン告知の可否をめぐるフォーカス・グループ・インタビューの逐語録に関する分析を取り上げた。そして，先行研究と同じデータに対して提案手法を適用した結果を紹介した。

一般的な質的研究では，テキストデータに対する深い理解が得られる反面，研究者の主観性が入り込む余地が大きく，研究者の解釈によってデータからどれだけの飛躍が起きているのかを第三者が理解することは困難である。GTMAを用いることで，研究者による解釈のプロセスを明示することが可能となる。それによって，たとえデータからの飛躍があったとしても，それがどの程度の飛躍であるのかを第三者が容易に理解できる。さら

ユカの発言：
「祖母の<u>性格</u>から，末期がんだと知ったら，このあとはもう死ぬだけだと思って，ただ<u>悲しい</u>日々を過ごす，だろうと思うので，残りの生活を，<u>楽しく</u>，過ごしてもらうために，あの，<u>伝えないで</u>，もらいたいと思います。」
↓
初期コード（単語ごと）
「性格，悲しい，楽しく」
↓
焦点化コード
心的要因から告知しない

図4-8　C-GTAによるコーディングの過程

に，もし同じテキストデータとコーディング・ルールを提供すれば，第三者が分析のプロセスを追試することができる。GTMA は，人間による解釈とコンピューターによる分析を組み合わせることで，質的研究のアプローチに対して客観的な情報提示や科学的な検証の手段を提供するものであると言うこともできる。

一方で GTMA は，テキストデータの読み込みと，原文からのボトムアップなコード化を前提としているため，適用できるデータサイズに限界がある。また，現在の技術では多義的な語句をコンピューターで自動処理することが困難であるため，研究者側による設定変更や辞書の追加などが必要である。コンピューターによる自動処理の部分は，機械学習などの技術を組み合わせることで，ある程度改善ができていくと考えている。

今後は，質的研究における多様な調査手法によって集められたテキストデータを分析することで，GTMA の検証と改善に取り組んで行く予定である。またテキストマイニングは近年急速に発展しているため，技術的な進歩に合わせて GTMA の高度化に取り組んでいきたい。

引用文献

Charmaz, K. (2000) Grounded theory: Objectivist and Constructivist Methods. In N.K. Denzin & Y.S. Lincoln (Eds.). *Handbook of Qualitative Research* (2nd ed.). Thousand Oarks, CA: Sage, pp.509-535 ／山内祐平，河西由美子（2006）グラウンデッド・セオリー—客観主義的方法と構成主義的方法 In：平山満義監訳：質的研究ハンドブック第2巻．北大路書房．

Charmaz, K. (2006) *Constructing grounded theory* (1st ed.). London: Sage.（抱井尚子・末田清子監訳（2008）グラウンデッド・セオリーの構築—社会構成主義からの挑戦．京都：ナカニシヤ出版．）

Charmaz, K. (2014) *Constructing grounded theory* (2nd ed.). London: Sage.

Creswell, J.W. & Plano Clark, V.L. (2007) *Designing and conducting mixed methods research* (1st ed.). Thousand Oaks, CA: Sage.

Freshwater, D. (2007) Reading mixed methods research: Contexts for criticism. *Journal of Mixed Methods Research, 1* (2), 134-146.

Glaser, B.G. & Strauss, A.L. (1967) *The Discovery of Grounded Theory: Strategies for Qualitative Research.* Chicago. IL: Aldine.（後藤隆・大出春江・水野節夫訳（1996）データ対話型理論の発見．東京：新曜社．）

Giddings, L.S. (2006) Mixed-methods research: Positivism dressed in drag? *Journal of Research in Nursing, 11* (3), 195-203.

Hesse-Biber, S.N. (2010) *Mixed methods research: Merging theory with practice.* NY: Guilford Press.

Hesse-Biber, S.N., Rodriguez, D., & Frost, N.A. (2015) A qualitatively driven approach to multimethod and mixed methods research. In S.N. Hesse-Biber & R. Burke Johnson (Eds.), *The Oxford handbook of multimethod and mixed methods research inquiry,* pp. 3-20. NY: Oxford University Press.

樋口耕一（2004）テキスト型データの計量的分析—2つのアプローチの峻別と統合．理論と方法, 19 (1), 101-115.

樋口耕一（2006）内容分析から計量テキスト分析へ—継承と発展を目指して．大阪大学大学院人間科学研究科紀要, 32, 1-27.

樋口耕一（2014）社会調査のための計量テキスト分析—内容分析の継承と発展を目指して．ナカニシヤ出版．

Howe, K.R. (2004) A critique of experimentalism. Qualitative Inquiry, 10, 42-61.

稲葉光行・抱井尚子（2011）質的データ分析におけるグラウンデッドなテキストマイニング・アプローチの提言—がん告知の可否をめぐるフォーカスグループでの議論の分析から．政策科学, 18(3), 255-276.

Kakai, H. (2009) Multivoicedness in Bioethical Arguments about Cancer Disclosure in Japan: A Narrative Analysis Using a Sociocultural Approach. 青山国際政経論集, 78, 179-209.

抱井尚子（2015）混合研究法入門—質と量による統合のアート．東京：医学書院．

Teddlie, C. & Tashakkori, A. (2009) *Foundations of Mixed Methods Research: Integrating Quantitative and Qualitative Approaches in the Social and Behavioral Sciences.* Thousand Oaks, CA: Sage.

混合研究法によるデータの分析と統合

P・ベイズリー＊（報告者：田島千裕＊＊）

＊ニューサウスウェールズ大学　＊＊恵泉女学園大学人文学部

I　はじめに

（1）講師紹介

講師のパット・ベイズリー氏は，コミュニティ開発が社会的弱者集団のメンタルヘルス向上のための効果的方略であると論ずるアクションリサーチを基盤としたコミュニティ心理学の論文で博士号を取得。その後は，コミュニティ開発の分野で活動し，フリーランスの研究者として公衆衛生，福祉，教育，法律，および地域研究のプロジェクトに従事してきた。

現在，氏は，ニューサウスウェールズ大学のプライマリ・ケア医療と公平センター（Centre for Primary Health Care and Equity）で非常勤准教授を務めながら，国内外の大学や政府機関および民間組織で，研究者，大学教員，大学院生を対象にフリーランスのリサーチ・コンサルタントとして活躍している。質的および混合研究法データ分析や，研究者のキャリア開発・パフォーマンスについての執筆活動も行っている。とくに，CAQDAS（computer-assisted qualitative data analysis software）と呼ばれる質的研究用および混合研究法用の分析ソフトを用いたデータ管理および分析について指導することを専門とし，CAQDASのNVivoに関する書籍も出版している（Bazeley & Jackson, 2013）。

氏は，*Journal of Mixed Methods Research* および *Qualitative Health Research* 誌の編集委員を務め，2015年7月より1年間，MMIRA（Mixed Method International Research Association；国際混合研究法学会）2代目会長を務めている。

（2）ワークショップの内容

多種多様なデータ源や分析法をどのように統合するかは，混合研究法（mixed methods research；以下MMR）においてきわめて重要な課題である。分析段階での統合モデルは多岐にわたる。質的量的それぞれの調査段階で集められたデータを結び合わせることで，調査の別段階で個々に導き出された結果を統合し結論を組み立てる方法や，データ源を組み合わせたりさまざまなタイプのデータを収斂させブレンドされたデータセットを作り上げていく方法などがある。混合型研究が行われる状況や目的は多様であるため，それに適する統合モデルもさまざまであるが，統合へのアプローチが慎重すぎると，使用可能な情報すべてを総合的に考慮できず，根拠に乏しい，あるいは，説得力に欠ける結論を導くことになりかねない。

本ワークショップでは，説得力のある有用な結論を導き出すために，NVivoソフトウェアを利用する方法などを含め，分析段階でデータを統合する6つの方略が概説された。参加者には質的（テキスト分析）および統計的分析手法についての基本的な理解があることが求められていた。

II　MMRの定義

　MMRのデータ分析と統合における6つの方略の解説の前に，まずはMMRについて講師の見解が紹介された。MMRでは，データ収集・分析の際にさまざまなアプローチや方法を統合あるいは相互依存させることで研究目的を達成していく。MMRを実践する研究者は通常，量的データと質的データをある段階に達した時点で統合しなければならない。その段階に達したとき，量的・質的データは相互依存し，もはや片方だけでは十分ではなくなり融合する。これがMMRである。

（1）統合がMMRのカギを握る

　MMRのカギが統合であることの理解を促すために，さらに統合について解説が加えられた。

　まず，なぜ統合するのか。理由が4つ挙げられた。第1に，全体像を描きやすくする。統合するのは，より完全な全体像を描くためといえる。異なるデータ源から情報を得れば，それをつなげて人や事象を描写することができる。第2に，プロセスとアウトカムを理解しやすくなる。MMRを用いれば，結果のみならず，結果に至るまでの過程を明らかにすることができる。とくに評価研究の場合には，結果を導いたメカニズムを解明することが求められるためMMRが適している。第3に，新たなアイデア・洞察を得ることができる。異なるデータ源は，ときに矛盾する場合がある。そのとき，異なる事象を示している理由を探求し洞察を深めることができるのである。MMRの実践は，あるテーマに対して新たな側面や研究設問（research question）を見出せる可能性を秘めている。第4には，入手可能なさまざまなタイプのデータを用いるために統合が必然となる点がある。ここでは，自身の博士論文のための研究が引き合いに出された。コミュニティ研究においては，コミュニティの参加者と話し，ともに食事をし，社会指標（social indicator）統計も収集される。また彼らがどの程度の額を医療や福祉のサービスの利用に充てているかを調査している。恵まれないコミュニティが対象の研究であったが，その地域内の子どもの先生や福祉に携わるソーシャルワーカーと話をし，家族に対しては質問紙調査も実施している。つまり，入手できるデータはすべて入手し，包括的に研究を行ったのである。MMRでは，新聞記事，医療記録といった，存在するデータのすべてを入手し統合する。

　MMRで用いられる多種多様なデータは，共通の目的を達成するために用いられなくてはならない。常に研究目的を念頭に置き，研究設問では何を明らかにしたいのかを考える。ただ，さまざまなタイプのデータを扱うときには，研究設問に無関係なデータ分析には時間を奪われないように留意するべきである。

（2）統合に関する課題

　統合は，いつどのように行うべきだろうか。この課題への回答が本ワークショップの本題である。

　本題に入る前にまず，研究設問に関する問題が取り上げられた。研究者によっては，この設定段階から，量的フェーズの量的研究設問，質的フェーズの質的研究設問，MMRの混合型研究設問に分けるべきと唱える者もいるが，研究設問は方法論に捉われれるべきではないというのが講師の持論である。ある研究設問に対し，どの方法を用いて解を導き出すかを検討するのが順序だという主張である。研究設問の解明は，量的方法を用いても質的方法を用いても得られる可能性がある。しかし，異なるデータ源を有しているだけでは統合とはいえない。分析の初期段階では，量的データと質的データを分けて分析することもあるだろうが，統合の重要なカギを握る部分は，持ち合わせているさまざまなデータ源を合体させ分析したときなのである。

　次に，研究結果報告の問題がある。研究結果報告の段階でも，量的調査報告と，質的調査報告を分けて執筆し，さらに統合させた調査報告を書くことを支持する研究者もいるが，講師の持論はテーマ別に報告すべきというものである。たとえば，公衆衛生に関するテーマがあれば，方法論で分け

るのではなく，テーマで分ける。データや分析の種類にかかわらず，調査に要した部分について，テーマに沿って報告するという主張である。テーマが大きければ，テーマ内の要素を考え，要素ごとに論文を執筆することができる。論文によっては，より質的であったり，より量的であったりするかもしれない。しかし，論文の執筆内容は，方法論によって決定するのではなく，伝えたいメッセージによって決定する。研究結果のどの部分を報告したいのかを考え，報告内容を支持するデータを提示するのである。どのエビデンスが自身の主張をサポートするかを判断するわけである。

具体的な統合は，いつどのように行うのだろうか。統合には，複数の方略を用いる必要があるが，ここでは，統合のための6つのアプローチについて解説する。重要なのは，1つ以上の方略を用いなければならないということである。一般的には，データ管理，分析，執筆の各過程で統合がなされる。執筆の段階でもデータに立ち戻りさらなる分析を要することがある。執筆することがさらなる分析へと導くからである。したがって，早い段階から書き始めることを勧める。分析を開始したらすぐに書き始めるのである。

ここで12枚の画像が示され，画像が象徴する統合のイメージについて考える機会が与えられた。ここではペアを組んでの作業となった。図5-1は，4枚の画像例である。たとえばミキサーの画像の「いろいろな物を放り込んでどのようなジュースができるかをみる」は，データを混ぜ合わせるイメージを象徴している。三角形の「三辺で形を作る」は，トライアンギュレーションを象徴している。パズルの「ピースをつなぎ合わせて絵を完成させる」は，さまざまなデータをつなぎ合わせて事象を描写することを象徴している。アイスクリームのトッピングの「アイスクリームの上に，飾りを振りかける」は，量的データのベース上に，質的データを振りかけるイメージである。参加者は，ここからの本題であるデータ統合について，まずはイメージを膨らませた。

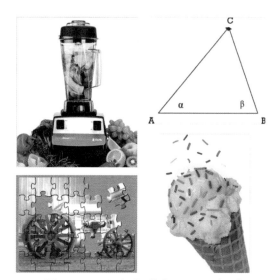

図5-1　MMRにおける統合のイメージング エクササイズ画像例（Bazeley, 2015 より）

III　MMRのデータ分析と統合における6つの方略

ここからは，MMRのデータ分析と統合において，6つの方略が紹介された。それらは，(1) 一方の方法がもう一方の「情報源」となる，(2) 一方の方法がもう一方を「補完」する，(3) データを関連づけることにより「比較・対比」させる，(4) データを「変換」させる，(5) 繰り返しの分析により「発展」させる，(6)「収斂しないデータの分析」を行うである。以下では，一つひとつの方略について概観する。

(1) 一方の方法がもう一方の「情報源」となる

一方の方法がもう一方に役立つ情報を与える方法として，次の3つが挙げられた。まずは，収集した質的データを基に調査票の開発を行うことである。一対一のインタビュー，あるいはフォーカス・グループ・インタビューを実施すると，参加者に相応しい言語が掴めるため，その後の調査票の尺度開発に役立つのである。質的結果から得たテーマを基に調査票の尺度を整理するというのは興味深い方法である。ここで，統計分析に移行した段階で質的データを破棄しないことに留意する。MMRを実施する研究者であれば，質的データを統計分析に組み入れることが求められるからであ

る。一方，逆もある。調査票による結果を基に，インタビューのサンプリングを行うのである。どの参加者に焦点を当てれば有用な情報を得られるかを調査票の結果から知ることができるため，サンプリングの特定が難しい調査の場合にはとくに有効だといえる。最後に，分析がデザインに役立つ情報を与えるというパタンがある。質的データから得たコードやテーマを基にマトリックスを作成するというものである。

（2）一方の方法がもう一方を「補完」する

補完とは，コンテクストについての背景情報を提供することであり，さまざまな方法がある。たとえば，量的分析によってある結果を左右する因子を特定できたときに，質的データを用いて背景情報を加える。一方のデータセットがもう一方のデータセットを説明することも挙げられる。つまり，双方のデータセットを関連づけるのである（これにより，両データが有効になる）。たとえば，量的結果を踏まえインタビューを行うことで統計結果の意味づけを行うこともこれにあたる。

ここでNVivoを用いた「補足」について紹介がされた。コンピューターソフトを使用する利点は，複数のデータ源を1つのデータベースで管理できることである。共通のコーディングシステムを用いれば，異なるデータ源を関連づけることができる。同時に，異なるデータ源を分類しておくこともできる。

次に，ソーシャルネットワーク分析（SNA; social network analysis）が紹介された（図5-2）。ソーシャルネットワーク分析では，個人がネットワーク内でどれほど孤立しているか，あるいはどれほど密接な関係にあるかをネットワーク図で見ることができる。各個人とネットワーク情報があれば，そこから統計処理を行うことが可能になる。まずマトリックスから始まり，ネットワーク図へと発展させる。質的情報は，視覚的なネットワーク図に詳細な説明として加えることになる。

次に，地理情報を用いる地理情報システム（GIS; geographic information systems）が紹介された

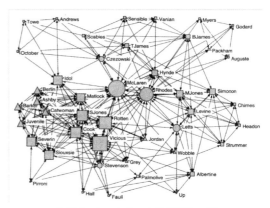

図5-2　ネットワーク分析図の一例
ロンドンのパンクグループのネットワーク
（Crossley, 2011, p.84 より）

（図5-3）。地理情報システムは，位置や空間，その地域の人に関する情報を，視覚的または聴覚的に示すシステムである。たとえば，ロンドンの基礎的地図データの上に，犯罪の多い地域と少ない地域の統計データを重ね合わせる。次にこの地図上に，各地域を通過するときに感じる情意をインタビューにより導き出し，データとして示していく。ある研究ではグーグルマップが使用され，該当する地域で抱く感情について回答したインタビューの録音データが挿入された。マッピング，量的統計，個人の経験に関する質的データの統合ということになる。

つまり，調査票やインタビューに留まらず，さまざまなタイプのデータの収集を検討するということである。

ここで，分析と執筆を同時に進めることの重要性も説かれた。まず量的・質的データから得た知見を理解し，一方の方法から得たデータから，もう一方の方法から得たデータに対し，どのようなエビデンスを得られるかを探る。両方を同時に並置するのである。留意点は，質的回答や量的数値について語るとき，傾向やパタンを示さなければならない点である。単に一例を挙げるのでは意味をなさない。

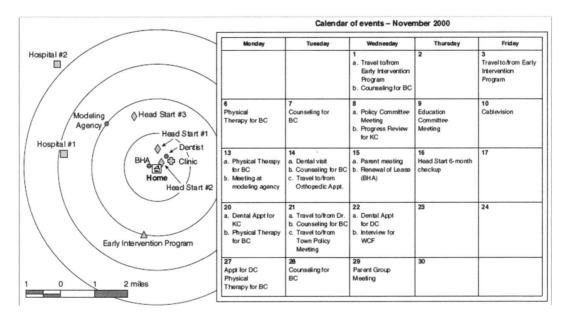

図 5-3　地理情報システム図の一例
障害を持つ幼児の介護者が利用するサービスを表した地理情報システムの地図（左），介護者の日記（右）
（Skinner, Matthews & Burton, 2005 より）

（3）データを関連づけることにより「比較・対比」させる

　ここではデータを関連づけることによって比較と対比を行うことについての重要性が説かれた。個々の事例データごとに比較する方法と，テーマごとに並列的に比較する方法があるだろう。テーマごとに並列的に関連するデータを比較することは，より興味深い作業だといえる。たとえば，夜コーヒーを飲むことへの態度に関するデータを，データの種類を問わずすべて抽出する。同じテーマに関するさまざまなタイプのデータが，同様の現象を示唆しているのか，あるいは異なることを示しているのかの判断に困るとき，さらなる探求の余地が生まれる。

　まずは，手動で表を作成することについてより詳しく解説がなされた。データの関連づけには，さまざまなデータ源を隣り合わせに置いた表を作成して比較することが有効なのである。たとえば，行にはテーマを，列にはコード，インタビュー回答，観察記録といった，さまざまなデータ源を記載していく。そして，表の質的・量的データを比較すると相違点が見えてくる。こうすることで，デー

タをより深く理解できる。

　さまざまなデータ源を隣り合わせに並列的に比較していると，ときに量的データと質的データの矛盾に気づく。そのような場合は，その理由を探る。サンプリングの問題である可能性もある。あるいは，調査票に回答する際に，たとえば「満足していない」という否定的な選択肢を避けたのかもしれない。否定的な回答を調査票に残したくないと感じる人もいるのである。しかし，インタビューを実施して話をしていけば，ラポールを築くことができ，なぜ満足していないのかを語ってくれるかもしれない。すると，データ源の矛盾の理由が理解できるのである。

　テーマ別ではなく，属性に基づいて比較する方法もある。たとえば，個々の事例データから，人口統計属性，尺度スコア，地理情報（地理情報システム），ネットワーク内の位置（ソーシャルネットワーク分析）などの，それぞれが一致するデータを抽出して表を作成する。この場合は，行には属性に基づいたグループ，列にはさまざまなタイプの量的・質的データを挿入した表を作成して比較する。たとえば，地理情報システムを基に比較

するのであれば，高犯罪地域と低犯罪地域に分類しデータを併記して比較することができる。あるいはソーシャルネットワーク分析を基に，ネットワークの中心者と孤立者に分類しデータを併記し比較することもできる。年配者グループの意見と，若年者グループの意見を併記することも例として挙げられる。さまざまな種類のデータを一緒にすることで相互依存させ，これを分析の方略とする。

量的・質的結果を並べて結果追跡型の比較を行うことも有効である。たとえば，痛みに関する調査を行ったとしたならば，調査表の10段階で6という回答と，6に相当する痛みについてどのように語ったかの質的回答を，隣り合わせに並べることにより痛みの意味合いを深く理解することができる。コンピューターソフトを用いれば，統合して比較・対比する作業はより簡単になる。以下はNVivoを使ってデータを結びつける方法である。ケースノードはコード化されたテキストを各属性と結びつけてくれる。アトリビュートノード（コーディング）を用いてマトリックスを作成することもできるのである。量的データを入力し，コード化されたテキストも入力することで，マトリックスの作成が可能になる。NVivoでは，マトリックスのそれぞれのセルの数字をクリックするとテキストを見ることができる。セルの数字は何名が該当するかを示すが，数字のセルをクリックすれば，この人数が何を語ったかのテキストデータを見ることができる。たとえば，研究者の満足度に関するデータがある。満足度という1つのテーマであるが，それを研究者の研究分野に基づいて分ける。量的データと合わせて，満足度についてどのような話をしたかという質的データについても同様に整理していく。これにより，研究者の満足度が研究分野によって異なることが分かる。満足度について，同程度の人数が語っていたとしても，科学者は「何かを起こす」ことに満足度を感じ，社会学者は「変化を起こす」ことに満足度を感じることから，研究分野による満足感への傾向の違いが分かるのである。

質的ソフトウェアを持ち合わせていない場合は，エクセルを使用することもできる。エクセルでは，個別の事例を行に挿入，コードを列に挿入，インタビュー回答やノートを短い要約文にまとめ，質的データとしてセルに挿入する。エクセルでは，測定尺度から得た数値などの量的データを基に整理することで，コメントや要約文といった質的データも整理することができる。要するに傾向の模索を行っているわけであり，このためにエクセルも使えるということがポイントである。手早く分析を行う必要がある場合は，短い要約文を用いることで傾向を掴むことができるのである。

（4）データを「変換」させる

次の統合の方略はデータ変換である。質的データを量的データに変換する定量化と，量的データを質的データに変換する定性化がある。

まずは，量的データを質的に分析する方法が紹介された。これには，数値を用いて人物または事例を描写することが挙げられる。人物像を構築したり事例について記述するのである。集団のプロファイリングを作成することもできる。時系列に追いかける方法もある。たとえば，あるグループから，若い時期，10年後，さらに10年後にデータを取るもので，社会統計を収集し，出産後どれくらいの期間で仕事復帰をしたか，職種は何か，子どもの数などの量的データを用いてナラティブを構築するというものである。

やはり一般的なのは，質的データを量的データに変換することである。質的データはコード化して定量化することでさまざまに使用することができる。定量化は，ケース数，文数，語数などを数値（カウント）で表わす。あるいはある話題に触れたかどうかについては，触れれば有の「1」，触れなければ無の「0」のように変換する。話題の出現頻度，話題の長さ，回答の強度も数値に変換することができる。

具体的な分析例としていくつかが取り上げられた。まずは，カウント（数値）を比較する，回帰分析に見られるような予測モデリング，また探索的多変量モデリングである。そして，NVivoを

用いた例が紹介された。NVivoを用いて各参加者（ケース）と変数の関係を示す表を作成することができる。たとえば，個々の参加者（ケース）がどの程度の頻度であるテーマについて話をしたかを示すとき，ケース1は2回にわたってそのテーマについて話をし，ケース6は6回であったことを，コンピュータープログラムが表にして作成してくれるのである。

自由回答式の開放型の質問への回答も，コードを用いることによって量的データ，つまり変数に変換すれば量的分析を行うことができる。SPSSソフトウェアを用いてデータベースに変数を入力することによって分析が可能となる。たとえば，以下のような分析を実施できる。個々の事例（ケース）と変数の関係データを用いて比較分析（分割表，t検定，ANOVA），探索的または推測的分析（回帰分析），因子／潜在クラス分析，対応分析（コレスポンデンス），クラスター分析，質的比較分析（QCA; qualitative comparative analysis）。ただし，実施する分析によって，適切なサンプルサイズが異なることが留意点である。

ここで，質的比較分析で用いる表についてさらに説明が続いた。図5-4は，真理値表(truth table)であり，質的比較分析ではこの表を基に分析が加えられていく。真理値表は回答をパタン化して作成するもので，行には参加者（ケース）が記載され，各列は異なるパタンを示す。たとえば，図5-4の，参加者1と2は，要素が無しである。参加者6，7，8は，同じようにすべての要素を有していることになる。質的比較分析の特徴は，統計処理ではなく数学が応用される点である。さらに，たとえばどのパタンが成功を促すのかを見ることができる。ある結果を導くパタンを探すことが，この分析方法のすべてである。これは無料ソフトウェアであり，ネット上で検索をかければアクセスできる。この分析方法の詳細については，以下を参照されたい（Rihoux & Ragin, 2009）。

さらに，質的データから量的データ分析への変換について，いくつかの分析・解析方法が挙げられた。まず探索的多変量分析（exploratory multivariate analyses）がある。これは，一定のコンテクストの中で同じコードの組みがどのくらい頻繁に出現するかを数えることにより，類似性マトリックスを作成するというものである。この分析では，多変量によるデータをできるだけ少ない変数に集約することができる。また，SPSSを用いてクラスター分析を行うこともできる。この分析は，異なる性質のものが混ざりあっている対象の中から似たものを集めてクラスターを作り，対象を分類しようという方法である。具体的には，コーディングされたテキストに見られる共通の単語に基づいてコードをグループ別に整理していく。NVivoを用いれば，クラスター分析や，多変量解析の一手法である多次元尺度構成法（MDS; multidimensional scaling）を用いることができる。多次元尺度構成法は，分類対象物の関係を点の布置

Case Number	R Relational embedded-ness	C Cognitive embedded-ness	T Temporal embedded-ness	A Absorptive capacity	M Motivation	Z Successful knowledge transfer
1, 2	0	0	0	0	0	0
3	0	0	1	1	1	1
4	1	1	1	0	1	0
5	0	0	1	0	1	0
6, 7, 8	1	1	1	1	1	1
9	1	1	0	1	1	1
10	0	1	0	0	1	0
11	1	0	0	1	1	0
12	0	0	0	0	1	0

図5-4　質的比較分析で用いる真理値表の一例（Rihoux & Ragin, 2009より）

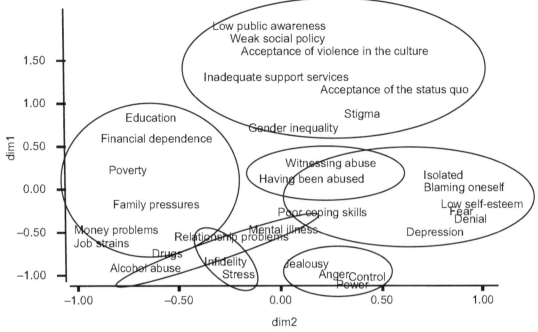

図 5-5　変換された質的コードに基づく多次元尺度構成法とクラスター分析図の一例
家庭内暴力の原因と考えられている要素（Collins & Dressler, 2008 より）

で表現する手法で，似たものは近くに，異なったものは遠くに配置して示す。

図 5-5 は，変換された質的コードに基づいて，家庭内暴力（DV; domestic violence）の原因と考えられている要素を表した多次元尺度構成法とクラスター分析の例である。層 1（dimension 1）は縦軸で，上側には社会的側面，下側には個人的側面が配置されている。層 2（dimension 2）は横軸で，左側には社会的抑圧として，教育の低さ（Education），仕事の重圧感（Job strains），家族にまつわるプレッシャー（Family pressure）などが挙がっている。右側には個人的要因として，孤立（Isolated），自尊心の低さ（Low self-esteem）が示されている。2層で示すことで，コードで見るよりは意味を理解しやすい。上述の通り，クラスタリングと多次元尺度構成法は，質的データから変換したコードが基になっている。SPSS にデータを取り込むことで，このような明確な多次元尺度構成法図を作成することができるのである。

繰り返しになるが，データ変換の際の留意点は，質的データを無くさないことである。質的データにコードを与えることで量的データに変換して分析を行うが，質的データを用いてコードやパタンを解釈しなければならない。値やパタンがどのように生成されたのかを確認する必要があるため，質的データを用いて数字に意味を与えなければならない。

（5）繰り返しの分析により「発展」させる

ここで，繰り返しの分析により「発展」させるという方略について説明が加えられた。これまで概観してきた補足や比較の作業を繰り返し行うことを指す。量的・質的データを融合させることで新たな変数を導き出すことができる。コンピューターソフトを駆使することでより複雑な分析が可能になる。複合的に分析することで洗礼されたモデルの構築を目指せる。それぞれのデータ源や分析の間を行き来することにより，パタンを明確にしたり，解釈を導き出すことができる。

（6）「収斂しないデータの分析」を行う

収斂しない例外データも分析する必要がある。

質的データが傾向に当てはまらない場合には，そのケースが何かを示唆している場合があるため確認する。1つの不一致は大切なデータなのである。量的データとしては，外れ値はデータを混乱させるために破棄するものである。しかし，質的分析においては「なぜこの人は違うのだろうか」と，この事例に着目する。混合型研究を実践する研究者ならば収斂しないデータこそ探求するのである。

IV　MMRにおける統合の意義

これまで概観してきたすべての方略において結局は以下を行おうとしている。データの中に傾向を見出し，データに根ざした理論を作り上げる。そしてどの仮説がデータに最もフィットするかを検証することで，論理一貫したモデルを構築する。グリーンの言うところの，根拠ある主張（warranted assertion）である（Greene, 2007）。つまり，手に入るすべてのエビデンスを検証し，最も適した解釈を導き出す。このようにすれば，支持できる論拠を持ち合わせることになる。多種多様なデータと分析方法を導入し，すべてがフィットするモデルを構築することを目的として，MMRでは統合の方略を用いるのである。

最後に，結果をまとめる方法について説明がなされた。追跡記録を取っておく，結論を導くための例とエビデンスを集めておく，結果を統合する，といった点に留意しながら，研究結果報告の際には，量的または質的というデータ種類に沿う形ではなく，テーマに沿う形でまとめることが勧められた。

V　おわりに

本ワークショップは，MMRのカギを握る統合に焦点を当てたものであった。統合のための6つの方略について，調査例の提示とともに詳細な解説がなされた。量的・質的データ分析の基本的知識を有している者向けにデザインされたワークショップであり，内容が濃く実践的であった。「ワークショップ中では，いつでも質問をどうぞ」という講師の呼びかけに対し，参加者は自らの研究に応用するための質問を投げかけ，アドバイスを受けながら，終始和やかな雰囲気の中で3時間にわたるワークショップは終了した。

引用文献

Bazeley, P.（2015）*Practical strategies for analysis and integration of mixed methods data.* Workshop presented at *MMIRA Asia Regional Conference 2015-JSMMR Inaugural Conference*, Ritsumeikan University.

Bazeley, P. & Jackson, K.（2013）*Qualitative data analysis with NVivo*, 2nd edition. Los Angeles: Sage.

Collins, C.C. & Dressler, W.W.（2008）Cultural consensus and cultural diversity: a mixed methods investigation of human service providers' models of domestic violence. *Journal of Mixed Methods Research,* 2 (4), 362-387.

Crossley, N.（2011）Using social network analysis: researching relational structure. In J. Mason & A. Dale (Eds.), *Understanding social research: thinking creatively about method* (pp.75-89). London: Sage.

Greene, J.C.（2007）*Mixed methods in social inquiry.* San Francisco, CA: Jossey-Bass-Wiley.

Harden, A. & Thomas, J.（2005）Methodological issues in combining diverse study types in systematic reviews. *International Journal of Social Research Methodology,* 8(3), 257-271.

Rihoux, B. & Ragin, C. (Eds.)（2009）*Configurational comparative methods.* Los Angeles: Sage.

Skinner, D., Matthews, S. & Burton, L.（2005）Combining ethnography and GIS technology. In T.S. Weisner (ed.) *Discovering successful pathways in children's development.* Chicago, IL: Chicago University Press, pp.223-239.

第6章 基調講演 1

混合研究法の研究設問とデザインを発展させるため，ストーリーを使うこと

B・F・クラブトリー＊（報告者：尾島俊之＊＊）
＊ラットガース大学　＊＊浜松医科大学健康社会医学講座

I　はじめに

今日は，こんなに多くの人たちが混合研究法を勉強しようと集まってこられましたね。中には随分勉強した人もいれば，まだ今からという人もいるかと思います。そこで，この皆さんの研究，混合研究法の研究設問（research question）とデザインがどこからくるのか，そして，この研究のベースとなるストーリー，これらについて考えてみたいと思います。つまりストーリーから研究設問が生まれ，そしてそのあと，研究のデザインが作られるという内容でお話をさせていただきます。そして，なぜ，私たちに混合研究法が必要なのかということについて述べていきたいと思います。

まず，少し自己紹介をさせてください。私のバックグラウンドは，人類学です。最初は応用人類学，それから，医療人類学を学びました。職業としましては，エチオピアで1年勤めました。これは，WHOの天然痘のプログラムに関与しました。そして，韓国では2年間，結核のプログラムに関わりました。それから2年間，広島女学院中学高等学校で，英語の教師をしました。その後，30年以上，家庭医療の研究をしてきました。で，私，いくつか趣味があるんですけれども，大河ドラマが大好きなんです。少なくとも，50本の大河ドラマを，英語の字幕つきで見ました。もう1つの趣味はお城めぐりです。100名城という本がありますが，これまでに75のお城の写真を撮ってそれに貼り付けています。

II　ストーリーと研究設問

それでは，講演に入っていきます。まず，「ストーリーから始める」というところから入ります。ストーリーとは何でしょうか。ストーリーとは，出来事について物語るものです。実際にたくさんのストーリーがあります。ストーリーは見るものの場合もあります。見てもよく分からないというようなものもあるでしょう。そして，ときには，何かを見て，いったい何が起こっているのだろうと思うようなこともあります。そして，何だろうと考え込ませるようなもの，これもできる，あれもできる，でもどれをすればいいのか分からないというようなこともあります。これらも，みんなストーリーなんです。

このストーリーというのは至るところにあります。たとえば，臨床現場のストーリーもあります。学校でのストーリー，それから，新しいオフィスでのストーリー，また，コミュニティのストーリーなど，いろいろなところにストーリーはあります。また，いろいろな関係ですね。たとえば，私は医師と患者の関係を研究しています。皆さんの中には，生徒と教師の関係，親と教師の関係を研究してらっしゃる人もいると思います。ですから，このようないろいろなところにストーリーという

のは生まれます。

　臨床現場では、どうなんでしょうか。この臨床現場のストーリーは、患者から生まれます。もちろんそこには、看護師、そして医師がいます。また、臨床的な出会いの場があります。そして、実践に関するストーリーがあります。また、コミュニティのストーリーもありますし、より大きな保健システムに関してのストーリーというものもあり得ます。教育の場ではどうでしょうか。高校、あるいは大学、生徒のストーリー、そして、生徒と親のストーリー、教師、教室、学校、コミュニティがあります。そして、教育システムというものがあります。それぞれに、すべて、背景にはストーリーがあるんです。ストーリーというのは何か、意外なことを引き起こします。よく分からないことが出てきます。それが研究設問の基となるのです（図6-1, 6-2）。

　ここにあるのは、臨床的なストーリーです。これは実際にあったことです。岡田静子さん（仮名、以下も同様）のストーリーです。この人が、家庭医の医師のところに行きまして、10分間の診察を受けました。先生は、彼女を診て、「発作は何回ぐらい起きていますか」と聞きました。岡田さんは、この2年間の間に12回もお医者さんにかかっています。腹部の不調、高血圧、発作、糖尿病、そしてうつ病などを患っています。抱えている問題について、10分間の診察時間で全て伝えられるでしょうか。それから、彼女は乳がんの生存者でもあります。乳がんを患って、10年前に放射線療法を受けました。

　このストーリーから、どのような問いが浮かんでくるでしょうか。たくさん浮かび上がりますね。たとえば、岡田さんのような人の治療の妨げになるものは何なのか？　家庭医は、どのようにして、この問題を全て扱うことができるのか。そして、プライマリ・ケアあるいは、家庭医の役割は何なのか。こういう、がんの長期生存者のケアにおける家庭医の役割とは何なのかということですね。ですから、ストーリーがあって、そこから研究設問が始まるんです。そして、研究デザインを作っていかなければなりません。

III 研究設問と研究デザイン

　あまりにも多くの人たちが、デザインから始めるんですよね。ストーリー、そしてその背景にある、問題、そこから、研究設問があって、そして、初めて、研究デザイン、方法を考えなければいけないわけです。たとえば、質的なインタビューから始めるかもしれません。そして、分析。たとえば、岡田さんのような人に対して、インタビューをして、ストーリーを聞き出すことから始めるかもしれません。つまり、質的なインタビューから始める。そして、そのインタビューに基づいて、量的な調査の調査票などを作成して、そのデータを得て分析をするというふうに進むかもしれません。クレスウェル先生、フェターズ先生など、多

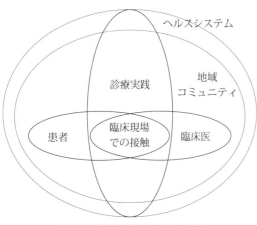

図6-1　臨床研究ストーリーの源

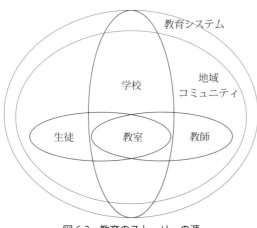

図6-2　教育のストーリーの源

くの人たちがおっしゃっていますけれども，これが，探索的順次デザインというものです（p.20 図 3-1-2 参照）。ストーリーからスタートして，質的なインタビューをして，それから調査票を開発していくというようなやり方です[1]。

IV　混合研究法の必要性

研究を行う際には，いろいろな種類の問いがあります。したがって，いろいろな種類のデザインが必要になってきます。デザインというのは，この研究設問からくるわけです。そこで，研究者としては，いろいろな方法について受け入れられるようにしておかなければなりません。いろいろな種類のデザインや方法を受け入れている人が，混合研究法の研究者ということになるわけです。

では，研究でよく使われる，研究法なんですけども，横断的研究，症例対照研究，コホート研究などといろいろあると思います。それからまた，いろいろな調査法がありますね。カルテの調査，調査票調査，臨床検査等々。主に質的な研究をやっている方もいるでしょうか？　その場合には，どの方法を学んだかによってですけども，私のように人類学者であれば，エスノグラフィーを使うかもしれません。社会学者であれば，おそらくグラウンデッド・セオリーを使うでしょう。あるいは，哲学者であれば，現象学を学んだんじゃないかと思います。このように，さまざまなデザインになっていくわけです。

そして，方法を絞って調査をします。観察をしたりインタビューをしたりします。フォーカス・グループといった方法もあります。文章などの情報を収集する調査がこのような形で行われています。そして，その他に混合研究法というのがあるわけです。

クレスウェル先生と，今朝，ワークショップをやったんですけれども，混合研究法には，そんなにたくさんの種類はありません。2つの種類の順次的なデザインがあります。説明的順次デザイン（explanatory sequential design）と，探索的順次デザイン（exploratory sequential design）です。後で，例を説明したいと思います。それからもう1つは，収斂デザイン（convergent design）です。基本型デザインはそれだけなんです。それから，クレスウェル先生は，応用型デザインというものも紹介しています。より高度なデザインで，介入研究デザイン，多段階評価デザイン，事例研究，参加型などいろいろあります。このようにいろいろなデザインの中でも，基本デザインは変わらず重要です（Fetters et al., 2013）。

V　日本の公衆衛生ストーリーの例

ここで，ストーリーをいくつか紹介したいと思います。まず，日本の公衆衛生に関するストーリーです。日本では，高齢化という問題がありますね。非常に高齢になった方々が，地方で生活をしています。そして，医療サービスにはなかなかアクセスしにくいところがあります。この事例は田中健司さん，88歳です。農作業が大好きだったんですけれども，健康問題にいろいろと直面するようになりました。もちろん，医療はアクセスが可能でなければならないわけですけれども，農村だと近くには医師がいないというようなことがあります。田中さんの場合には，最寄りの町の病院まで40分かかるというようなところです。これが実際のある人のストーリーです。このストーリーからいったい何が考えられるでしょうか。研究設問として，たとえば，高齢者の実際の状況がどうなっているのか，どういう問題があるのか，というものがあるでしょう。それから，そういう人はいったいどのぐらいいるのかということを問うことができると思います。そしてまた，それに対してどうしたらいいのか，何ができるのかということですね。農村に住んでいる，孤立して住んでいる人たちに対する介入はどんなことが可能かということです。

そこでまず，農村に行ってインタビューをしま

---

[1] 研究開始前に見聞きしたストーリーから暫定的な研究設問を設定し，質的なインタビューを開始する。その中で，詳細なストーリーを知り，研究設問が洗練されるというパタンが多いかもしれない。

す。どんな健康上の問題があるのか，あるいは，そこの交通の問題はどんな状況か，医療に対するアクセスという点ではどういう問題があるんですかというように，いろいろなことを聞いていきます。インタビューをするというのが最初のステップとして考えられます。そしてそのインタビューに基づいて，調査票を作ります。そして，量的なデータを集めていきます。先ほどと同じ探索的順次デザインになるわけですけど，それで終わりでよいでしょうか。

もう1つ大事なことは，問題を解決することができないのであれば，なぜ研究をするのか，ということです。介入をして，問題を解決することが最終的な目的ともいえます。このようなインタビューをやったり，調査をしたりということによって，問題についての理解を深めるわけです。そして，そのうえで介入をするということになります。介入するには，介入前の，そして介入後の，測定，計測をする必要があるわけです。それと同時に，介入をしている間に，インタビューをする。そして，いったいなぜ，その介入がうまくいっているのか，あるいは，うまくいっていないのか，ということを考えます。これが，介入研究型混合研究法デザインというものです。介入をすることによって，問題解決を図るということですね（図6-3）。

VI　ひきこもりの例

ひきこもりという問題についてご存知でしょうか。もちろんご存知だと思いますけど。これは，別の方のストーリーです。日本においては，非常に大きな社会的な問題になっていると思います。このストーリーは，1997年の朝日新聞に出ていたものです。ひきこもりという問題は，かなり前から日本ではあるようですし，今もまだ社会的な問題であると思います。このひきこもりのストーリーは，ある男性の息子さんのストーリーです。自分の部屋に閉じこもってしまって出てきません。会話をすることができないので，社会から外れてしまっていて，親に何かを伝えるときにはメモを残すという形をとっている人です。

このストーリーから，いったいどういうような研究設問が考えられるでしょうか。なぜひきこもりというのは起こっているのか。ひきこもりというのがどのぐらいあるのか。それから，ひきこもりの子どもを抱えた両親というのは，いったいどんな経験をしているのだろうか。そして，これを変えるために何ができるのか。このような問いが考えられます。こうした研究設問から，どんな研究デザインをとるのかを考えることになります。今回は，量的調査をまずやって，いったいどのぐらいの頻度でこのようなことが起こっているのか，

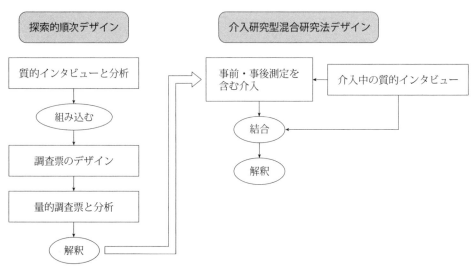

図6-3

どこで起こっているのかということを探り出します。そして，その状況をよく理解するために，質的なインタビューを行うという方法があると思います。なぜいろいろな人がこのような経験をしているのか，ということを考えるわけです。このような研究デザインは，説明的順次デザインになります。

もちろんここで終えるということも可能かもしれませんが，このような研究をしている場合には，自分の研究結果を基にその問題を解決するための方法を考えるべきだと思います。すなわち，介入の方法を考えるということですね。また，最初の調査の結果を基に，質的なインタビューをします。また，介入をするだけではなくて，介入中のインタビューも行うと良いでしょう（図6-4）。

Ⅶ　予防医療サービスの例

もう1つストーリーをご紹介しましょう。これはアメリカでの予防医療のストーリーです。日本にも応用できると思います。予防医療サービスというのは，診療所で医師によって行われます。たとえば，タバコを止めなさい，乳がんの検査を受けなさい，コレステロールの検査を受けなさい，あるいは高血圧の検査を受けなさい，そういうようなことが行われると思います。行われるべきなんですけれども，しかし，十分に行われていないという状況もあります。

このストーリーの場合，ガーデンステイト家庭医院では，がん検診をする率が非常に高い。しかし，タバコを止めなさいというような働きかけは少ない[2]。一方で，もう1つのキーストーンステイト家庭医院というところでは，患者全員にタバコを止めるように言っていますけれど，乳がんの検診をする率は低い[3]。どうして医院によって，このような予防医療サービスに違いがあるのでしょうか？　一部の予防は行うけれども，別の予防は行わないということが発生するのでしょうか。

この研究のデザインは何を使うと良いでしょうか。これらの予防医療がどれぐらい行われているのかということについては，たとえば，カルテの調査などの量的な調査を行います。それと同時に，質的インタビューや参与観察を行います。実際に，この実践をしている人たちとそれから患者さんに対して，インタビューあるいは観察を行います。そして，この2種類のデータを結合します。これは，収斂デザインになります（図6-5）。

Ⅷ　予防＆需要競合の例

状況を深く理解するためには，うまくいっている実践とそうでない実践を見ることが有用です。このために，混合研究法の1つの方法として，事例研究があります。だいぶ前のものですけれども，私たちは，18カ所の診療所において事例研究のデザインで調査を行いました。1,600件の診療の記述と，臨床医とスタッフの面接を行いました。そして，3年間かけて，各診療所で4週間から6週間のフィールドワークを行いました（Crabtree et al., 2001）。その結果，現場の実践から，それぞれ固有のアプローチが作られていったことが分かりました。つまり，どこでも成功するという1つのアプローチはなかったんですね。なぜそうなのか，ということについてもいろいろな要因があることが分かりました。たとえば，あまりにも忙しいからうまくいかなかったというものもありました。また，禁煙がとても大事だからそれに力を入れたというところもありました。それ以外には，たとえば，保険診療として収入が入ってこないからやらないというような理由もありました（Crabtree et al., 2005）。

次に，新たな疑問が現われてきました。すなわち，外からの援助を受けることによって，いかに予防サービスを改善できるのか，という新しい研究設問が生まれてきたわけです（図6-6）。

Ⅸ　省察的適応のための学習チームの利用の例

そこで，介入の新しいデザインを作りました。60カ所の診療所のうち，無作為に選んだ半数の

2　ガーデンステイトは，ニュージャージー州の別名。
3　キーストーンステイトは，ペンシルベニア州の別名。

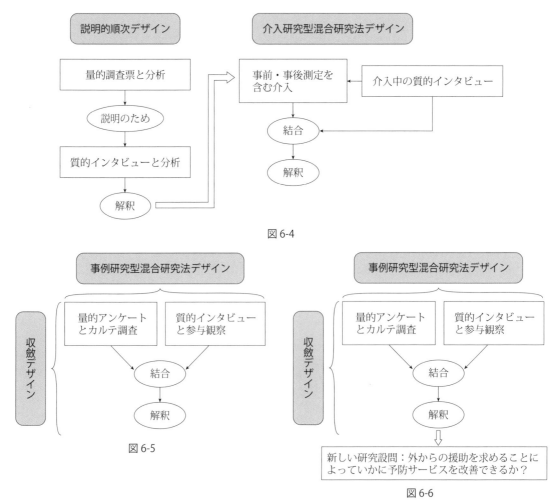

図 6-4

図 6-5

図 6-6

診療所に対して，「省察的適応のための学習チームの利用（using learning teams for reflective adaptation; ULTRA）についての介入を行いました。カルテ調査と質問票で，介入のアウトカムを測定しました。また，質的観察と面接で介入がどのように機能したか，というようなことを調べていったわけです。こうすることで，介入枠組みを用いた収斂デザインの混合型研究ができたわけです。事例研究と介入が行われていますけれども，両者とも収斂デザインとなっています。

それで，結果はこうなりました。この診療所の中で，介入によって改善したところが出てきました。患者さんに電話をかけて，診療申し込みをするかどうかということをチェックするようになったところもありました。しかし，予防サービスの改善には必ずしもつながらなかったという結果でした（Balasubramanian et al., 2010）。ここで，非常に重要なのは，なぜ改善し，なぜ改善しなかったのか，ということだと思います（図 6-7）。

X　がん生存者のケアの例

これが，私が今取り組んでいる研究でして，がん生存者のケアに関するものです。日本もそうだと思うんですけれども，アメリカにおいては，がんの治療成績がどんどん改善してきています。そこで，多くの人たちが，がんを乗り越えて地域で生活しているわけです。しかし，実際にはいろいろな問題があります。放射線療法とか，あるいは化学療法を受けた後ですので。しかし，もう，がんの専門医にかかることはないんですね。そうす

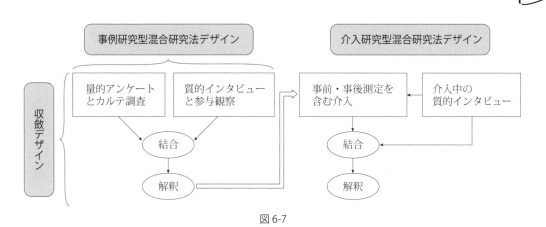

図 6-7

ると誰が診ているんでしょうか。そこで，がん生存者のストーリーがあるわけです。多くの患者さんがこれにあたります。アメリカにおいては今，1,400 万人のがん生存者がいます。わあ，たくさんの 0 が並びますね。

ジムさんのストーリーをみてみましょう。前立腺がんと診断され，重放射線治療を受けました。この 5 年間，糖尿病と高血圧もあります。もちろん，この前立腺の検査のために，毎年泌尿器科にかかっていますけれども，プライマリ・ケアの医師にはこのお話をしていません。

これは 1,400 万人のうちの一人の話なんですけれども，こういうようなことは，これから増えるんじゃないかと予想されています。日本も同じような問題があると思います。プライマリ・ケア・ストーリーの中のがん生存者ということですね。これは，医療実践の問題の 1 つです。がんの治療は非常に進歩しました。しかしながら，ほとんどの患者さんは，ホルモン療法，放射線治療，化学療法などを長期的に受けて，いろいろなその副作用に苦しんできたわけです。プライマリ・ケアの診療現場で 10 分で終わるというような問題ではないわけです。非常に複雑なストーリーがそこにはあるということになります。

XI 患者中心の診療所の例

アメリカでは患者中心の診療所 (patient-centered medical home; PCMH) というものがあります。プライマリ・ケアのあり方や質を改善したいと思っているわけです。そこで，チーム医療，つまり内科医，看護師，専門医などがチームを組んで，たとえば医療情報の交換などを行い，プライマリ・ケアの実践におけるケアを向上しようとしているわけです。

そこで，プライマリ・ケアを受けている患者さんのストーリーがあります。また，診療所の変化も起こっています。じゃあ何が研究設問になるでしょうか。量的な研究，質的な研究，そして混合型の研究設問があります。量的な研究設問としては，強いチームワークがあるかどうか，ということですね。そしてまたそれが機能しているかどうか，ということもあります。本当に優れた模範的な診療所は，個人記録などの共有システムを使っているかどうか，という研究設問もあります。

質的な研究設問としては何でしょうか。模範 (exemplar) となるような患者中心の診療所における医師とスタッフは，がん生存者のケアをするにあたって，自分たちの役割をどう見ているのか。あるいは，がん生存者たち自身がプライマリ・ケア診療所に何を期待しているか。そしてそれが，実際にどのように提供されているのか。それから，そのようなケアを提供するのにあたっての障害とか，あるいは課題には何があるのか。

混合研究法の研究設問としては次のようなものがあります。革新的ながん生存者ケアを目指している診療所のスタッフは，それを目指さない診療所のスタッフと比べて，職場関係はより強いのか。あるいは，質の高いケアをするときに，患者中心

の診療所モデルのどの側面が最も重要か，ということですね。

　量的な研究設問に応えるためには，まずチームワークについての情報が必要です。したがって量的な調査をすることになります。実際に，患者中心の診療所に，そのチームについての質問をします。それから，種々のシステムが実際に使われているのかということについての調査をします。これは，量的な尺度による評価を行う調査をすることができると思います。質的な研究設問には，どのような種類のケアが提供されているのかというものがあります。これには，一体何が行われているのかを観察するという手法があります。それから，医師とスタッフがそれについてどう考えているのか，ということを知る必要もあります。その

ためには，質的なインタビューをして，理解を深めます。さらに，患者はいったい何が重要だと考えているのか，何を望んでいるのかを知る必要があります。そのためにも，観察やインタビューを行うことができます。

　混合研究法の研究設問の場合，これらの結果をみな結合させる必要があるわけですね。チームワークについて調査をする。それから患者の期待についての調査をする。この場合には質的な調査になりますね。どのようなケアが実際に提供されているのか。これは，観察をして記述をしなければなりません。それから医師とスタッフは，自分たちの役割をどう認識しているか。これについても，質的なインタビューを行うことができます。これらをすべて合わせて，その上で解釈をすることに

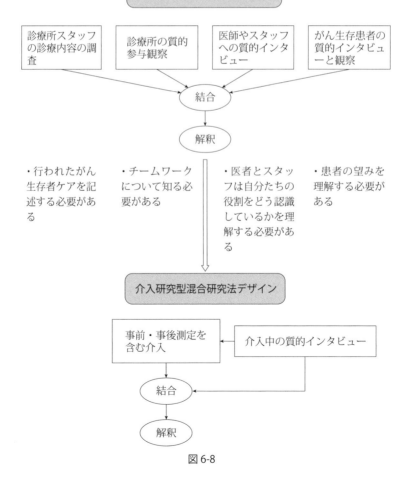

図6-8

なります。そして，事例研究型混合研究法デザインというものが，ここにできあがるわけです。

もちろん，問題を理解するというだけで終わりではありません。それに対し，何かを対応するわけです。これが私の次のプロジェクトです。ここまでの状況が図の上側の事例研究型混合研究法デザインによる研究です。その研究結果が出て，今後は，下側の部分の介入研究型混合研究法デザインで研究に取り組むことになります（図6-8）。

XII おわりに

覚えておいていただきたいことは，ストーリーから始めるということです。ストーリーから，何か変だなあと異常な状況が見えてくる。そして研究設問が出てきますね。そして，混合研究法デザインを使います。はい。できあがりました。

混合型研究プロジェクトから，私が何を学習してきたのか，ということなんですけれども，とても重要なことだと思っています。これらは一人じゃできないんですね。ストーリーと研究設問から始めると，デザインはまだ分からない。で，デザインをするにも，どんなスキルが必要か，ということは分からないわけです。チームでないとだめなんですね。いろいろなスキルを持った人がチームとして一緒に活動する必要があります。

それでも，ほんとうに難しい。時間がかかります。一緒に時間を過ごして，共同作業をする時間を取らなければいけません。チームで活動する場合，すべての参加者がそこから何かを手に入れるために，ウィンウィンの状態を作り出さなければなりません。リーダーが一人で，あとの人たちは作業をするというんじゃなくて，本当のチームとして，一緒に作業をするということが重要です。そのためには時間をかけて，関係を築くことが重要です。

それから，これも重要です。しばしば，1つのプロジェクトだけをやって終わりということがあります。しかし，私たちは介入をすべてのケースでやってきたということを見ていただきましたよね。ということは，1つの研究をやって，それで論文を書くだけではありません。問題を解決するために研究をするわけです。問題を解決するということは，介入をするということです。フェターズ先生，クレスウェル先生は，多段階デザインといっていますが，研究したあと介入をするということですね。

量的な調査をするときには，ストーリーを報告することが重要です。政策立案者の心を掴むのに効果的です。数字だけやっても，政策立案者はみんな眠ってしまいますから。それから，出版のオプションは実はたくさんあるんですね。しかし，出版をしない人は多いです。ですが，やっぱり出版しないとだめですね。質的調査についてもそうです。ある調査で介入をしたんですけれど，うまくいきませんでした。査読付きの30の論文を出版しました。ほとんどが，質的なものでした。私たちは量的なアプローチのトレーニングを受けると，量的な調査をすることになりがちですが，そのやり方は間違っている場合が多いので，それは考えなければなりません。

混合研究法を導く6つの原則があります。（1）なぜ自分が混合型研究を用いることを選んだかを知ること。（2）研究法とパラダイムの整合性を保持すること。（3）分析単位に注意すること。個人と組織のレベルでは違いますから。それから，（4）研究設問を忘れないということ。また，混合研究法というのはお互いに補完的な調査方法なんですね。（5）質的と量的調査，いいところ悪いところを見て，お互いに補完をするようなデザインをするということが重要です。最後に（6）研究中，継続的に方法論を評価することが重要です。（拍手）

XIII 質疑応答

司会：もし，今この時点で，ご質問したい方がいらしたら，一人だけお受けしたいと思います。では，あちらの先生お願いします。

質問者：プレゼンテーションありがとうございました。また，英語と日本語を交えて話してくださって，ありがとうございます。本当に混合研究法の研究者だなと思いました。また，非常によ

く分かりました。それぞれのストーリーの説明はよく分かったんですけれども，なぜ，あなたがそれぞれのストーリーをストーリーと呼ぶのか，というのがよく分かりませんでした。というのは，最初のほうのスライドで，ストーリーの定義をされました。ナレーションだと書いてありました。でもそれぞれのストーリーに，ナレーターはどこにいたんですか？ あなたが示されたものは，事実の記述だと思いました。ストーリーと事実の記述の違いは何ですか？

クラブトリー：おそらく，それはプレゼンテーションの問題だと思います。それぞれ個人の体験が出ていまして，ひきこもりの例は，私の仲間が日本で研究して扱ったものです。実際の問題に関するストーリーです。ナレーションです。実際の経験がそこで語られたわけです。他のものもそうです。たとえば，がんの生存者のためのケア。私の母はがん生存者ですから多くのストーリーを知っています。長期的ながん生存者には，この研究の対象として，強い関心をもっています。というのは，ストーリーがあっても誰もそれに対して何もしていないというふうに感じるような，そういうことがあるわけですよね。ですから，プライマリ・ケアの実践を調べたいと思いました。なぜならば，そこには多くのストーリーがあるからなんです。その実践に関わっている人たちから，たくさんのストーリーを聞きました。あまりにも，忙しすぎて何もできないというような話も聞いたわけです。だからもう，改善なんかとても無理だと。これがこの私が聞いたストーリーです。ですから，それはどういうふうにストーリーを聞いたのか，つまり，語られたストーリーとは何かということです。そこから研究設問が現われるという話をしたわけです。

質問者：ということは，あなたが紹介されたストーリーというのは，もっと一般化されたナレーションの形ということですか？

クラブトリー：そうですね。私たちは，研究設問とか，研究の目的とかを書くわけですよね。そして，それを学術的に発表するということをやっています。その学術的な，創造的活動の，そこにあるのは現実の人たちなんです。それはその人たちの直接的な経験から引き出されるものだと思います。

質問者：そうですね。どうもありがとうございました。本当に混合的な答えでした。

司会：どうもありがとうございました。

引用文献

Balasubramanian, B.A., Chase, S.M., Nutting, P.A., Cohen, D.J. et al.（2010）Using learning teams for reflective adaptation (ULTRA): Insights from a team-based change management strategy in primary care. *Ann Fam Med, 8* (5): 425–432.

Crabtree, B.F., Miller, W.L. & Stange, K.C.（2001）Understanding practice from the group up. *J Fam Pract, 50* (10): 881-7.

Crabtree, B.F., Miller, W.L., Tallia, A.F. Cohen, D.J. et al.（2005）Delivery of clinical preventive services in family medicine offices. *Ann Fam Med, 3* (5): 430–435.

Fetters, M.D., Curry, L.A. & Creswell, J.W.（2013）Achieving integration in mixed methods design: principles and practices. *Health Services Research, 48* (6 Pt 2): 2134-56

第7章 基調講演 2

ミックスト・メソッズ・ストーリー
調査者と混合研究法の相互作用を振り返る

抱井尚子[*]

[*] 青山学院大学国際政治経済学部

1 はじめに

まずはじめに，国際混合研究法学会（MMIRA）および日本混合研究法学会（JSMMR）を代表して，この記念すべき学術集会にお集まりくださいました皆様方に歓迎と感謝の気持ちをお伝えしたいと思います。皆様のご参加なしには，このイベントの成功はなかったでしょう。1日目の基調講演者の一人として，今，このステージに立って皆さんにお話ができることを大変光栄に思います。

多くの方々がこの学術集会のために大阪に集まってくださいました。これは，混合研究法的思考や社会調査・保健医療調査における混合研究法のアプローチを歓迎し，高く評価する昨今の社会科学・健康科学の風潮を反映しているものと考えます。また，MMIRAの中心メンバーであるベイズリー先生，クラブトリー先生，クレスウェル先生，フェターズ先生，そしてジョンソン先生には，このイベントを参加者にとってリソースに溢れた意義のあるものとするために熱意をもってご尽力いただいておりますことに感謝いたします。最後に，大会実行委員の皆様，スポンサーの皆様，同時通訳者のお二人，大会ホスト校である立命館大学の皆様に感謝の意を表したいと思います。とくに，大会実行委員長の稲葉先生には負うところが多く，先生のご尽力とご献身なしには，本大会を開催することはできませんでした。

多くの方々には日本からご参加いただいておりますが，中には遠い海外からご参加の方々もおられます。量的研究に強いバックグラウンドをおもちの方もいらっしゃれば，質的研究に長けておられる方もいらっしゃるかと思います。お若い方々は，どちらにも同じくらい強いバックグラウンドをおもちかもしれません。混合研究法によるリサーチをプラグマティストのパラダイムから実践する方もおられれば，社会正義の実現のために変革のパラダイムから実践する方もおられるでしょう。ポスト実証主義[1]が混合研究法を用いるリサーチャーの哲学的前提になっている場合もあれば，構成主義の場合もあるでしょう。

皆様がもつこのように多様なバックグラウンドは，混合研究法コミュニティがいかに多文化的であるか，そしていかに研究法，方法論，そして世界観における多様性がこのコミュニティによって尊重され，称賛されているかを表しています。混合研究法コミュニティがもつこれらの特徴は，ジョンソンがヘッセ・バイバーとの共同編集により先日出版した *The Oxford handbook of multimethod and mixed methods Research Inquiry*.（Hesse-Biber & Johnson, 2015）の終章でうまく言い表されています。ジョンソン曰く，「違いはあっても私たちはマクロのレベルで1つです。私たちは皆，混合研究法という潮流の一部です。そして，私たちは

---

[1] この講演においては，量的研究を主軸とするポスト実証主義を意味する。これは，哲学の分野で用いられているものより狭い定義となる。

これからも成長し続け，知識を構築し，私たちの世界をより良いものにしていけるようになるべきです。それこそが混合研究法的なものの考え方なのです。差異性と類似性には，とくに私たちがそれらをどのように統合するかを分かっているときに発揮される強みがあります」(Johnson, 2015, p. 688)。

II　ミックスト・メソッズ・ストーリー

皆様方全員が，混合研究法コミュニティに参加を決められた理由や参加を検討されている理由をおもちになっておられることと思います。言い換えれば，皆様方全員が混合研究法のストーリーをおもちになっているということです。教育評価研究の分野において早い段階から混合研究法を支持してきた研究者の一人であるジェニファー・グリーン（Jennifer Greene）は，"ミックスト・メソッズ・ストーリー"――つまり「混合研究法のストーリー」――を語ることは，私たち自身のもつメンタル・モデルへの気づきと理解を高め，内省的な社会調査を実施することを可能にすると述べています。ここでいうメンタル・モデルとは何を意味するのでしょうか。グリーンはメンタル・モデルについて次のように説明しています。メンタル・モデルとは，「前提，理解，傾向，そして社会調査を行う者が自身の仕事に向かう上でもつ価値観と信条の集合です。メンタル・モデルは基本的な哲学的前提[2]と，調査者の姿勢，価値観，信条，専門分野に関する理解，過去の経験，そして実践的知を含みます」(Greene, 2007, p.53)。このメンタル・モデルは，社会調査を実施する上で私たちを導き，研究目的，研究デザイン，データ収集，データ分析，そして結果の解釈といった社会調査のすべての局面において私たちに影響を与えます。つまり，私たちのメンタル・モデルは，私たちが研究活動を行なう上でのバックボーンであるとみなすことができるのです。

本日の基調講演では，私自身の混合研究法のストーリーを皆さんと共有させていただき，私のメンタル・モデルが，いかにしてこれまで従事してきた混合研究法を用いたリサーチに影響を与え，またそこから影響を与えられてきたかについてお話をしたいと思います。ここではとくに，初めて関わった混合研究法による研究プロジェクトが駆け出しの研究者だった私をどのように変え，以後の社会調査に対する私自身の姿勢をどのように形成することとなったかについて焦点を当ててお話します。このテーマで今回講演をさせていただこうと決めたのは，混合研究法とそれを実践する研究者の間の相互作用またはダイナミックな関係について議論している人が，私の知る限りあまり多くないという理由によるものです。本講演の最後には，今日私たちが生きる複雑な世界を理解する上で求められる多面的知識の構築において，混合研究法がいかなる可能性をもつかを，これまでの経験を通して私自身が得た洞察を交えてお話しさせていただこうと思います。

III　米国ハワイ州がん研究センターにおける補完代替医療プロジェクト

90年代半ば，私はハワイ大学マノア校の博士課程の学生でした。文化間に見られる人の思考や行為の差異に魅了され，文化的価値観や信条が認知，感情，動機を形成するメカニズムを解明することに私は関心をもっていました。ハワイ大学のすべてのカリキュラムがもつ多文化的視点や，大学を取り巻く多民族的社会環境が私の研究関心の探究には非常に適していました。予想通り，ハワイ大学には，研究者として多文化問題を観察し調査する多くの機会に溢れていました。とくに，日本人として私のもつバイリンガル・バイカルチュラルなバックグラウンドは，日系人が2番目に大きな民族グループとして，州の人口の20％以上を占めていたハワイでは強みになりました。

私自身の専門は社会科学領域にありましたが，

---

[2] ここでいう哲学的前提とは，存在論，認識論，方法論のことで，存在論とは，「社会的世界の本質」，認識論とは「社会的知識の本質」，そして方法論とは「そのような知識を構築する方法」を指す。(Greene, 2007, p.51)

すぐにハワイにおけるさまざまながん関連のヘルスリサーチ・プロジェクトに従事するようになりました。最初のがん研究プロジェクトは，日系人の高齢がん患者から治療のための同意を得る上での困難や遅延の原因を調査するものでした。本調査は，ハワイの日系人の間で高齢がん患者の家族が医療的意志決定を行う際にもつ，個人の自律性ではなく家族としての自律性を重視する強い傾向が腫瘍医療の現場においては文化的障害となっていることを明らかにしました。[ところで，このプロジェクトのために先行研究調査を実施している際に，今ここに大会長としておられるマイケル・フェターズ先生による数々の関連論文に遭遇しました。あの頃は，まさか将来混合研究法コミュニティを日本につくるためにともに尽力することになるとは想像すらしておりませんでした。]

この最初のがん研究プロジェクトを通して私が得た経験は，すぐに次のがん研究プロジェクトの機会につながりました。新しいプロジェクトは，多様な民族的背景をもつハワイ州在住のがん患者の補完代替医療使用パタンについて，量的・質的研究アプローチの両方を用いて調査するものでした。補完代替医療（または略称 CAM; complementary and alternative medicine）とは，非通常医療の治療法を指し，ホメオパシー，メガビタミン療法，セルフ・グループ療法，民族療法，宗教または霊的療法，イメージ療法といったものを含みます。この研究プロジェクトは，90年代の米国において科学的根拠の乏しい非通常医療の治療法を使用するがん患者が増えたことを受け，その対応の一環として1999年に開始されました。ハワイ大学附属がん研究センターのガーチャード・マスカリネック先生（Gertraud Maskarinec M.D., Ph.D.）のリーダーシップのもと，米国立がん研究所の助成を受けて本研究は実施されました。マスカリネック先生はドイツ出身の医師であり，疫学者であり，量的研究に強いバックグラウンドをもっていらっしゃいました。プロジェクトの中心メンバーの一人として，私はこの研究のデータ収集，データ分析，そして論文執筆に従事する機会を得ました。

初めて混合研究法による調査を経験する機会となったCAMプロジェクトは，駆け出しのリサーチャーであった私に大きな影響を与え，社会調査・保健医療調査を実施する上での私自身のメンタル・モデルを変えることになりました。本プロジェクトは私に，人間を対象とする研究を実施する上で最良の方法とは何か，リサーチャーとして，知識構築のプロセスにおいて研究参加者とどのような関係を築くべきなのかといった，多くの認識論的問いを投げかけました。プロジェクトチームのメンバーの中には，質的研究で豊富なトレーニングを受けた者は一人もおりませんでしたが，これはその当時決して珍しいことではありませんでした。それでも，CAMプロジェクトに従事している間に，教育心理学プログラムの学生として，同じ教育学研究科（college of education）内の教育行政プログラムとカリキュラム開発プログラムから開講されていた質的研究のクラスをそれぞれ1つずつ，幸運にも私は履修することができました。一方で，がん研究センターの研究助手であり，同じくハワイ大学の博士課程に在籍していた私の同僚にとっては，たった1つの質的研究のクラスを履修することさえ享受できない贅沢でした。彼女は人文科学研究科（college of arts and sciences）内の心理学プログラムに属していたのですが，これは私が筋金入りのポスト実証主義とみなしていたプログラムでした。結果として，混合研究法を早くから擁護してきた多くの研究者がそうであったように，私たちも質的研究の実施については基本的に独学によって習得していきました。もちろん，混合研究法についても言うまでもありません。[実際，私は，博士課程を修了した後の2000年代の初期になって初めて，クレスウェル先生，デイビッド・モーガン（David L. Morgan）先生，ジェニファー・グリーン先生といった著名な専門家によるワークショップやセミナーに参加することで，混合研究法を学ぶ機会を得ました。その数年前に混合研究法を用いた自身の博士論文を実施した際には，彼らのような専門家からの指導を受けずに行いました。博士論文を執筆した際に私が混

合研究法のリソースとして持ち合わせていたものは，がん研究センターのCAMプロジェクトを通して得た知識と経験のみでした。

IV　パラダイム論争

さて，ここでまた，時計の針をさらに戻したいと思います。CAMプロジェクトに関わる前，私は「知識構築」という名前のクラスを履修しました。これは，博士後期課程の最初の学期に履修する必要のあるクラスでした。このクラスで，学生は，存在論，認識論，方法論といった，研究を支える哲学的基盤やパラダイム論争に関する論文を読まなければなりませんでした。社会調査における量的・質的研究アプローチの優位性に関する激しい論争（または，「ポスト実証主義」対「構成主義をはじめとするその他の世界観」をめぐる論争）は，80年代にそのピークを迎え，90年代初期までにはいくぶん沈静化しました。しかし，私が90年代半ばにこのクラスを履修していたときには，その余韻はまだ残っており，量的・質的研究アプローチの間で，「"either-or"，つまりどちらか一方」の選択を迫られていると感じました。

いわゆる「パラダイム論争」に関連するこれら一連の論文を読むことは，私にとっては両方の陣営の言い分に精通するための良い学びの機会となりました。とはいえ，このクラスは私にはとても厄介なものでした。それは，私にとっては外国語である英語で書かれた幾多のページにおよぶ抽象的議論を読んで理解しなければならなかったからということだけではなく，敵対的な議論に身を晒さなければならなかったからです。論文の著者らによる，自身の視点を固持するために他者の視点を一切認めないという，"either-or"，つまりどちらか一方」の姿勢に，私は居心地の悪さを覚えたものでした。クラスに出ているときや課題として出された論文を読んでいるときに，なぜこれらの著者たちは（ジョンソン先生の先の主張にもあったような）"both-and"，つまりどちらも」という思考を実践できないのだろうかと不思議に思わずにはいられませんでした。おそらく，このときに私は混合研究法的思考を開花し始めたのだと思います。後に，混合研究法関連の文献に遭遇した際に，私と同じようにこの論争にいやけがさした人たちが大勢いることを知りました。アッバス・タシャコリ（Abbas Tashakkori）とチャールズ・テドリー（Charles Teddlie）は，初期に執筆した混合研究法の書籍（Tashakkori & Teddlie, 1998）の中で，「パラダイム論争」が80年代から90年代初期の段階において「非生産的」になっていったと述べています。このとき私はまだ学生であり，分野の新参者でしたが，このクラスのために毎週毎週課題として出されるパラダイム論争の戦士たちによる論文を読む際に，タシャコリとテドリーとまったく同じように感じたものでした。

パラダイム論争と呼ばれた量的・質的研究アプローチをめぐるこの活発な議論にもかかわらず，当時，博士課程後期の学生として私にとって履修可能な研究方法関連のクラスは，ほとんどが量的研究に関するものでした。結果として，現象を遠くから客観的な目で観察することによって，予測可能・一般化可能な結果を大きなサンプルを用いて見出すことがリサーチャーとして目指すべきゴールであるという信念を，その頃の私は内在化していきました。

V　メンタル・モデルを変えた　CAMプロジェクト

さて，それでは再びハワイ大学附属がん研究センターのCAMプロジェクトの話題に戻らせていただきます。

このCAM研究は，クレスウェル先生が「説明的順次」と呼ぶデザイン（Creswell, 2015）を使用しています。最初に実施された量的研究の目的は，CAMの普及率と，それが民族的に多様なハワイのがん患者のQOLとどのような関連をもつかを調査することでした。量的研究部分において検証された仮説は，がん患者のCAM使用は彼らの民族的背景に関連をもつというものでした。質問紙調査の結果は，4人に1人の回答者が少なくとも1種類のCAMを，がんと診断されて以来使用

していることを明らかにしました。また，CAM の使用率が最も高かったのがフィリピン系とヨーロッパ系のがん患者であった一方で，日系のがん患者の CAM 使用率は最も低いことも分かりました。さらに，CAM 使用者は非使用者に比べ情緒的機能に問題があり，より多くの症状と経済的困難を経験していることも明らかになりました。

　最初の量的研究結果に基づいて，続く深層インタビュー法を用いた質的研究段階の参加者が選択され，彼らのもつユニークな視点や経験の探究がなされました。インタビューの質問項目は，CAM 使用に関する患者と医師のコミュニケーション，CAM 使用と宗教的・霊的信念，がんの原因に関する患者の認識，がんと診断されてからの食生活の変化，通常医療よりも代替療法を選択する理由，CAM 使用の程度を決定する要因，そして健康情報収集行動といったように，さまざまな話題に関するものでした。

　質問紙調査に参加した 1,168 名のうち，439 名（37％）が，続くインタビュー調査への参加に関心を示してくれました。これら 439 名の患者の中から，私たちは，がんの部位，属性，居住地域，そして使用している CAM の種類が多岐にわたるように，層化抽出法を用いて 143 名の患者をインタビュー参加者として選定しました。私たちは主に CAM 使用者の視点を探究したいと考えましたので，大半のインタビュー参加者は使用者（76％）となりました。

　CAM プロジェクトが量的・質的アプローチの両方を包含していたことで，私たちは，がん患者の CAM 使用パタンと，これらのパタンと民族的背景との関連のみでなく，がんと CAM 使用についての個々の患者の独特な経験と視点も探究することができました。同一の現象に関する広くそして深い視点，そしてまた，一定のパタンとともに多様な情報を提供することが可能である，この混合研究法の優れた能力に私は大変魅了されました。混合研究法を通して見ることのできるものは，ちょうどペルーのナスカの地上絵のようです。鳥の視点でこれを空から見れば，地上に描かれた動物の形が浮かび上がってきます。蟻の視点で地上から見ると，鳥の視点では捉えることのできなかった草，石，砂の細かい特徴が見えてきて，地面の質感を理解することができます。CAM 研究で得た経験によって，私は，博士論文を実施する上でも混合研究法を用いるべきだと納得するに至りました。そして，実際に混合研究法を用いて博士論文研究を行いました。現象の全体像を把握しようと試みるのであれば，物事を鳥と蟻の両方の目線から観察することが不可欠であることを実感したからです。

　このプロジェクトに携わる以前からもっていた，社会調査・保健医療調査に対する私のポスト実証主義的な姿勢は，リサーチャーとして研究にどのように従事するべきかに関する私自身の考え方に大きな影響を与えていました。私のポスト実証主義的姿勢は，データ収集の初期段階において，CAM 研究のインタビューを研究参加者に対して実施していたときでさえまだ残っていました。しかしながら，データ収集の経験を積むにつれて，研究参加者との相互作用を通して私のメンタル・モデルは問われ始め，次第に変化していきました。もしこのプロジェクトが単一のメソッドによる質問紙調査であったなら，このようなことは決して起こらなかったでしょう。

　そこでここからは，このプロジェクトに関わる以前に私がもっていた存在論的，認識論的，方法論的前提を揺さぶることとなった，最も大きな影響を与えた出来事のいくつかについてお話ししたいと思います。これからご紹介する 2 つのエピソードは，私のポイントを明確に説明する例といえます。

（1）エピソード 1

　皆さんにお話ししたい最初のエピソードは，研究における私の認識論的姿勢，または「研究者と研究参加者の関係」に疑問を呈することになった最初の出来事です。この出来事は，私が他島の 1 つに居住するがん患者さんにインタビューした際に起きました。

あれはクリスマスの頃でした。島中がお祭りムードで溢れていました。夕方頃に島の一番大きな飛行場に私は到着しました。インタビューのアポは午後5時でしたので、急ぎ七十代前半の先住ハワイ系と日系の民族的背景をもつこの男性患者の家に向かいました。彼は、日系人の妻とともに私の到着を待っていました。まだ外は明るかったので、インタビューは庭のベンチに座って行いました。彼らに挨拶をし、私はすぐにインタビューを始めました。インタビュー終了後、わざわざ時間を作り、貴重な情報を提供してくれた男性患者夫妻に私は礼を言い、チェーンで展開する薬局のギフト券を手渡しました。私がこの患者さんの家をまさに立ち去ろうとしたそのときに、夫妻が私を夕食に誘ってきました。そのような誘いは予想もしていなかったので、私は驚きました。同時に、たとえそれが夕食をともにする程度のことであっても、研究参加者と関係を構築することは研究者として適切ではないと私は思いました。「データを客観的に分析するために、研究参加者と距離を取らなければならない」そう頭の中で考えていました。私は、ホテルにチェックインしていないので、急がなければならないと、礼儀正しくその誘いを断りました。患者さんとその奥さんは残念そうに私を見つめ、すでに息子の家族にもこちらに来るように伝えており、途中で注文したピザをピックアップするよう頼んであると言いました。彼らがそう言うのを聞き、これ以上誘いを断ってはかえって失礼になるだろうと思いました。そこで、少々不安ではありましたが、夕食に呼ばれることにしました。すぐに、患者さんの息子さんと、その奥さんとお子さんがやって来ました。結局私は、患者さんと彼の家族とともに、簡単な夕食と楽しい会話を心地よい海風に吹かれながらしばらく楽しむこととなりました。

1年後、私はこのがん患者さんがインタビューから間もなくして亡くなったことを知りました。そのとき私は初めてハワイ州の腫瘍登録簿のデータを確認し、彼のがんがステージ4であったことを知りました。もし、インタビューのために彼を訪ねたあのときにこの情報をすでに私が知っていたら、彼が自分の健康状態について肯定的な発言をするたびに（実際彼はインタビューの間何度もそのような発言をしていたのですが）不自然な振る舞いをし、言語・非言語キューを通して語られる内容に対して疑念を露わにしていたのではないかと思います。

この経験は、私に、クレスウェル先生が「説明的順次デザイン」（ここでは量的研究が先行し、その結果を精緻化するために質的研究が続く）と呼ぶ混合型研究を実施するときに、最初の量的段階で得た知識が次の質的段階のデータ収集の障害となる可能性があるのではないかという洞察を与えました。この経験はまた、私たちがどの程度研究参加者の言語化された回答に依存することができるのか、研究参加者のことばが量的データと食い違うとき、彼らのことばをどのように解釈するべきなのか、という非常に難しい疑問を私自身に投げかけました。私たちが"integration"、つまり「統合」を混合研究法の核であると強調し続けるのであれば、これはまさに私たちが検討しなければならない重要課題の1つとなるでしょう。

さて、元々取り上げていた研究者と研究参加者の関係の問題に戻りますと、この出来事は、ポスト実証主義と構成主義の立場の違いから来る困惑を、私が初めて経験した瞬間を示している例です。私は自分がもっていた認識論に疑問を呈し、結局このことが私に、社会・保健医療調査に対する新たな洞察を抱かせることとなりました。明らかに、私は研究参加者と一対一の人間関係を築きたいという願望と、研究における客観性を保つために彼らから距離を置く重要性という信念の間で葛藤を経験していたのです。これは混合研究法を用いる上での私の大きな問いになりました。しかしながら、その後私は、構成主義の立場に立てば、研究参加者と継続的な関係を築くことが奨励され、私たちが収集するデータは唯一無二のものであり、他の誰もまったく同じデータを収集することはできないことを学びました。この考え方は、明らかに構成主義の哲学的前提に共鳴するものでした。言

い換えれば，研究者と研究参加者は，相互作用を通してともにリアリティを構築していくということです。

（2）エピソード2
　私自身のメンタル・モデルに大きな影響を与えた，今回お話ししたいもう1つのエピソードは，乳がん患者の女性へのインタビューです。彼女は二十代の女性で，左右両方の乳房を切除していました。女性の乳房は，しばしば女性のボディ・イメージと美とに関連づけられますから，乳房の切除は一般的に乳がん患者にとっては難しい選択という認識があります。これは，彼女をインタビューする前の私がもっていた認識でもありました。彼女はヨーロッパ系アメリカ人でした。彼女は明るく，進んで私に自身のストーリーを話してくれました。
　CAM使用の質問をする前に，本プロジェクトのデータ収集において私たちは，どのようにしてがんが見つかったのか，がんの原因は何だと思うか，自分のがんが治ったと思うかといった，がんに関するその他の質問をインタビューガイドにしたがって調査参加者に尋ねていました。私がこれらの質問をしている際に，十代の頃に性的虐待を受けた被害者である自身のライフストーリーを彼女は語り始めました。彼女の母親は彼女の父親と離婚をした後，彼女が16歳のときに再婚したそうです。この義理の父親に，彼女はそれ以降家を出るまでの間性的虐待を受けたのでした。彼女は私の目を見ながら，手術をして乳房を切除してからの方が自分は幸せだと言いました。彼女はしばしば鏡の前に立ち，乳房の無い自分の体を見つめ，自分は以前より美しいと思うのだと言いました。とても力強いストーリーでした。それは，これまで想像したこともなかったまったく新しい視点を私に与えてくれました。
　彼女のストーリーは私に，がん患者が彼らのがんの経験に付与する意味がいかに多様であるかと，そのような意味づけの結果，彼らの思考や感情がいかにユニークで複雑であるかを教えてくれました。CAMプロジェクトのインタビュー経験を通して，他者のイーミックな世界に触れることを可能にする質的研究のパワーに，私は大いに魅せられました。

（3）メンタル・モデルの変容
　このCAMプロジェクトにおいて，私一人だけでも80名近いがん患者のユニークなライフストーリーに耳を傾ける機会がありました。私は，研究参加者と関わり，直接彼らの病いの経験について聴くうちに，自分自身が次第に変わっていくのを感じました。彼らの話を聴けば聴くほど，私は他の人の人生から学ぶこの貴重な機会に対し感謝の念をもつようになりました。CAMプロジェクトを通して私が得た一連の経験は，駆け出しのリサーチャーとしての私に大きな影響を与えました。私のメンタル・モデルはもはや，量的研究のみを知っていた頃のものと同じものではなくなっていました。混合研究法を用いるリサーチャーになることは，ちょうどバイカルチュラル・バイリンガルになることと似ています。混合研究法を用いるリサーチャーになる上で，私たちは，そのプロセスにおいて同じ文化的困惑を経験するのです。困惑は，「深さ」対「広さ」，「主観性」対「客観性」，「個性記述的」対「法則定立的」方向性などといった対立する強調点から来るものです。したがって，混合研究法を実践する研究者になるプロセスで得る一連の経験は，多文化的アイデンティティを構築する過程において，バイカルチュラル／バイリンガルの人がたどる一連の経験と類似性があると私は考えます（抱井，2015）。

VI　質的研究主導型混合研究法

　近年，混合研究法の分野においては，新たなムーブメントが起きています。解釈主義／構成主義にホームグラウンドを持つ質的研究者たちが混合研究法コミュニティに参加し，質的研究主導型混合研究法を理論化しつつあります。ヘッセ・バイバー，ロドリゲス，そしてフロスト（Hesse-Biber, Rodriguez, and Frost, 2015）は，*The Oxford* handbookの中で，混合研究法への質的研究主導型アプローチの特徴を，「混合研究法プロジェクト全体の核をなす（質的研究主導型の認識論と方法論の形をとる）質的アプローチを正当化するもので，混合研究法のデザインにおいて量的アプローチが二次的役割を果たす」と記述しています。そして，量的アプローチのこの二次的な役割のことを，「核となる質的研究主導型混合研究法の研究設問全体の精緻化や明確化を支援する，一つまたは一組の下位レベルの質問を尋ねることにある」と述べています（p.5）。

　混合研究法の分野におけるこの近年の動向に私は胸を躍らせています。CAM研究に関わって以来，人々のもつ行為主体性とその行為主体性がどのように実現されていくかの豊かな記述を提供することができる個性記述的アプローチに，私は魅了されてきました。さらに，フィールドワーク，深層インタビュー，フォーカス・グループ，そして各種文書データなど，自然な状況において収集する濃密なデータは，私たちが彼らの意味世界に間近に迫ることによって研究参加者のイーミックな視点を探究することを可能にします。このようなデータによって，調査対象となる現象を，深く，多面的なレベルから探究することが可能になり，調査結果の信用性を増すことになります。混合研究法のこのアプローチでは，量的研究は，（1）研究参加者についてのバックグラウンド情報，（2）質的研究のためのサンプリング基準，（3）トライアンギュレーションのためのデータ［ここでは，研究者は必ずしも結果が収束することを目指すわけではありません。むしろ，新たな研究設問（research question）を見出すチャンスとして結果が収束しないことにも価値を見出します］，そして，（4）新たな研究設問を見出す機会といったものを提供することによって混合研究法を用いたプロジェクト全体に貢献します。

　ここで手短に，私が質的研究主導型混合研究法と考える実際の例をいくつかご紹介します。

　最初の例は対応分析を用いた質的研究主導型混合研究法の例です。実際，アンソニー・オンウェノブージーとジョン・ヒッチコック（John Hitchcock）［彼らも私たちとともに本大会に参加しています］によって書かれ，The Oxford handbookに掲載された章（Onwuebuzie & Hitchcock, 2015）では，対応分析を用いた混合研究法を質的研究主導型混合研究法と捉える枠組みを提案しています。私たちがCAMプロジェクトから出版した論文の1つを，このタイプの混合研究法の例としてご紹介させていただきます。この論文は，最初に量的研究の結果がJournal of Alternative and Complementary Medicine. (Maskarinec, Shumay, Kakai, & Gotay, 2001)に発表された後に，Social Science & Medicine. (Kakai, Maskarinec, Shumay, Tatsumura, and Tasaki, 2003) に掲載されました。論文は，CAMを使用するがん患者によって用いられる健康情報のチョイスが，患者の民族的背景によってどのように異なるかを検討したものです。結果として，私たちは民族的背景に特有の3つの健康情報使用パタンを見出しました。ここで用いられたデータはインタビューから得られたものであったため，私たちは，対応分析の結果と，それを支持または精緻化する患者の言語報告の両方を提供することができました。

　2つ目の例は，私たちがグラウンデッドなテキスト・マイニング・アプローチ（または略してGTMA）と呼ぶものです。混合研究法にテクノロジーを取り入れていくことは，多くの研究者によって推奨される最近のトレンドであり，ベイズリー先生も推奨者のお一人といえます。GTMAは，稲葉先生と私が共同で提案するアプローチです（稲葉 & 抱井, 2011）。GTMAアプローチは，キャシー・シャーマズ（Kathy Charmaz）によって考案された構成主義的グラウンデッド・セオリー（Charmaz, 2006／抱井・末田監訳, 2008）と，テキストマイニング・アプローチの両方から引き出されたアイデアを1つにまとめています。シャーマズの構成主義的グラウンデッド・セオリー・アプローチは，知識とは研究者と研究対象者の相互作用によって共同構築されるものであると考えます。テ

キストマイニング・テクニックは，コンピューターを用いた自然言語処理とその統計的可視化を組み合わせたものです。GTMAの分析プロセスにおいて，量的・質的データ分析結果にみられる非一貫性や矛盾を繰り返し探求することで，研究者は，逐語録についての深い理解と，どのように他の問題や文脈にも応用可能な信頼性または転用可能性のあるアイデアを着想するかについてのヒントを得ることが可能となります。そして，同時に，自身のもつ先入観がデータの解釈を歪めることを回避します。GTMAの反復的分析アプローチは，ウィリアム・ミラー（William Miller）とベンジャミン・クラブトリーによって提案された質的データ分析戦略である「没入・結晶化（immersion/crystallization）」アプローチ（Miller & Crabtree, 1992）の根底に流れるスピリットとも共鳴します。

VII おわりに

ハワイ大学附属がん研究センターにおいて私が経験したCAMプロジェクトは，まぎれもなく，今私がいるこの場所に私自身を導くきっかけとなりました。この研究に携わっていなければ，私は今日ここに立って皆さんに語りかけてはいなかったでしょう。また，社会科学の分野の博士論文として，混合研究法を用いた文化心理学的研究（Kakai, 2001）も実施してはいなかったでしょうし，クレスウェル先生をはじめとする著名な研究者の方々と出会うこともなかったでしょう。早くから混合研究法を擁護してきたこれらの方々との出会いによって，Journal of Mixed Methods Researchの創刊や国際混合研究法学会（MMIRA）の創立といった数々のマイルストーンに関わる機会をいただき，このコミュニティが発展・拡張して行く歴史的プロセスに立ち会うことができました。

混合研究法コミュニティは今，国，文化，そして学問の境界を越えつつあります。本年（2015年）に日本混合研究法学会が設立されたことは，混合研究法コミュニティのグローバルな展開の一例です。私がこの記念すべきイベントで基調講演者として登壇することと，日本混合研究法学会の理事長職の拝命を承諾した主たる理由は，私自身が混合研究法コミュニティの発展と拡張をその誕生から今に至るまで近くで，そしておそらく日本の多くの方々よりもほんの少々長く見てきた数少ない一人であると思ったからです。今，ここ日本において，多くの若い研究者の方々が混合研究法に積極的に関わり，また，今後関わろうとしていらっしゃることは大変頼もしいことです。古参者の一人として，このムーブメントを混合研究法コミュニティの他の仲間たちと日本混合研究法学会の活動を通して応援していきたいと思います。

私は，混合研究法が，単に1つの研究の中でことば，イメージ，そして数字を用いることだとは思いません。それ以上の意味があります。それは，複数の方法を使用する「アート」であり，研究者のクリエイティビティを必要とするものです。そして何よりも，混合研究法とは，より良い世界を創造するための知識を生み出すための，記述データと数量データからシナジー（つまり相乗効果）を生み出す科学的アプローチだと私は思っています。

最後に，混合研究法を用いたリサーチを実施する上で，いかなる哲学的背景や方法論的戦略をもっていようが，私たちは皆，量的・質的研究法の「統合」を通して「カフェラテ」のような知識を生み出すという共通のゴールに向かっています。「カフェラテ」ということばは，私の同僚で哲学者である青山学院大学のエバノフ氏からお借りしたものです（Richard Evanoff, 個人談話, 2015年9月10日）。彼は，グローバル世界において異なる文化的価値観を統合することによって異文化間対話を成功させる方法を模索することに熱心に取り組んでいます。「カフェラテ」のような知識を構築する上で私たちは，「コーヒーかミルクのどちらか」といったメンタリティを超越する必要があります。私たちに必要なのは，「コーヒーとミルクという異質なものを混ぜ合わせることによって，カフェラテというまったく新しい可能性を生み出す」という心構えです。

ご清聴，ありがとうございました。改めて，多

様性と包摂性のカフェラテ・コミュニティへようこそ！

引用文献

Charmaz, K.（2006）*Constructing grounded theory: A practical guide through qualitative analysis.* London, Sage.（抱井尚子・末田清子監訳（2008）グラウンデッド・セオリーの構築―社会構成主義からの挑戦．京都：ナカニシヤ出版）

Creswell, J.W.（2015）*A concise introduction to mixed methods research.* Thousand Oaks, CA: Sage.

Evanoff, R.（2015年9月10日）個人談話．

Greene, J.C.（2007）*Mixed methods in social inquiry.* San Francisco: Jossey-Bass.

Hesse-Biber, S.N. & Johnson, R.B.（2015）*The Oxford handbook of multimethod and mixed methods Research Inquiry.* New York: Oxford University Press.

Hesse-Biber, S.N., Rodriguez, D. & Frost, N.A.（2015）A qualitatively driven approach to multimethod and mixed methods research. In Hesse-Biber, S.N. & Johnson, R.B. (Eds.), *The Oxford handbook of multimethod and mixed methods research inquiry*, pp.3-20. New York: Oxford University Press.

稲葉光行・抱井尚子（2011）質的データ分析におけるグラウンデッドなテキストマイニング・アプローチの提案―がん告知の可否をめぐるフォーカスグループでの議論の分析から．政策科学, 18(3), 255-276.

Johnson, R.B.（2015）Conclusions: Toward an inclusive and defensible multimethod and mixed methods science. In Hesse-Biber, S.N. & Johnson, R.B. (Eds.), *The Oxford handbook of multimethod and mixed methods research inquiry*, pp.688-706. New York: Oxford University Press.

Kakai, H.（2001）*The effects of independent and interdependent self-construal on the development of critical thinking dispositions: A quantitative and qualitative study.* ProQuest/UMI (no. 3017402).

抱井尚子（2015）混合研究法入門―質と量による統合のアート．東京：医学書院．

Kakai, H., Maskarinec, G., Shumay, D.M., Tatsumura, Y. & Tasaki, K.(2003)Ethnic differences in choices of health information by cancer patients using complementary and alternative medicine: An exploratory study with correspondence analysis. *Social Science & Medicine*, 56 (2), 851-862.

Maskarinec,G., Shumay, D.M., Kakai, H. & Gotay, C.C.（2000）Ethnic differences in complementary and alternative medicine use among cancer patients. *Journal of Alternative and Complementary Medicine*, 6, 531-538.

Miller, W.L. & Crabtree, B.F.（1992）Primary care research: A multimethod typology and qualitative roadmap. In Crabtree, B.F. & Miller, W.L. (Eds.), *Doing Qualitative Research* (1st ed.), pp. 3-28. Newbury Park, CA. Sage.

Onwuegbuzie, A.J. & Hitchcock, J.H.（2015）Advanced mixed analysis approaches. In Hesse-Biber, S.N. & Johnson, R.B. (Eds.), *The Oxford Handbook of Multimethod and Mixed Methods Research Inquiry*, pp.275-295. New York: Oxford.

Tashakkori, A. & Teddlie, C.（1998）*Mixed methodology: Combining qualitative and quantitative approaches.* Thousand Oaks, CA: Sage.

第8章 基調講演 3

看護における混合研究の活用例

亀井智子*

*聖路加国際大学大学院看護学研究科

1 はじめに

混合研究法とは，質的研究と量的研究の両者を相互補完し，統合・融合する方法として発展してきた研究パラダイムのことで（Tashakkori & Teddlie, 2003; Creswell, 2015），研究課題やある事象のより良い理解に優れ，新たな知見を生み出す研究法の1つであると思います。質的研究か，量的研究かという二者対立的ではなく，両者をうまく統合するものが混合研究法です。この研究方法は，社会科学，行動科学，健康科学などさまざまな研究領域において近年活用されています。

筆者らは，看護学研究の領域においてこれまでは量的研究手法を用いる研究を比較的多く経験してきましたが，その中にも事例に焦点を当てたいわゆる"事例研究"を取り入れて，特徴的な事例を描写するといったやり方を採用してきました。しかし最近では，混合研究法による研究デザインを立案して，データ収集や分析を行うように変わってきました。その背景には，量的研究で設定した研究仮説の検証のために統計学的分析や検定を行うだけでは，両群に差が生じた理由を理解することが困難であったという経験があります。

質的データ，量的データの両者を同じ重みで計画的に収集し，両データの結果を統合して1つの研究目的を達成するという研究方法は，これまで1つの研究目的を達成するために1つの方法論しか選択してこなかった筆者にとっては，方法論を考える上での発想の転換が必要でした。

そもそも，質的研究では，現象を"記述"することが中心的な目的であり，量的研究では，相関関係，因果関係や有効性などの"検証"が目的であると思います。この明らかに目的の異なる2つの方法論をブレンドすることで，"より深い理解"という産物が生まれます。このことは，一種の驚きです。実際，混合研究法の計画や分析には多少の想像力が必要であると思います。混合研究法は両者のデータを想像力によってブレンドし，数値データに意味や解釈を与え，対象者の語りや行動に数的な理解を与えていくプロセスであるように思えます。混合研究法による最終的な結果を眺めると，数量的な違いの理由が「そうだったのか」と質的に確かに納得できるという経験が増えると思います。

2015年9月に開催された国際混合研究法学会（MMIRA）アジア地域会議／第1回日本混合研究法学会（於：いばらき立命館大学）では，国内外から300名を超える参加者を迎え，さまざまな研究分野の研究者等が一堂に会しました。どのセッションも熱気に満ちあふれていたのが今でも印象に強く残っています。その中で筆者は学会の企画に参画する役割と，それに加えて基調講演の機会をいただきました。そこでは筆者らが行っている看護学研究における混合研究法の例を紹介させていただきました。本稿では，それをもとに，看護学研究においてどのように混合研究法が活用可能

であるのか，具体例を交えて述べたいと思います。

II 混合研究法による研究計画の手順

(1) 研究目的の設定について

混合研究法の計画段階では，研究目的の説明や，混合研究法の中のどのデザインを用いるのかを特定する必要があります。また，質的データと量的データは各々いつ，どこで，何を，どのように収集するのか，また2つの異なるデータの分析をどのように統合するのかを明確にしておく必要があります。そして，データ収集の手順，対象者（サンプル），分析する変数，検討しようとする中心的な事象について，質的データと量的データを収集することを合理的に研究目的として説明する必要があります。

(2) データ収集時期の設定について──どちらを先に収集するのか

混合研究法のデータ収集の時期は，各研究であらかじめよく練っておく必要があります。

たとえば，量的研究あるいは質的研究のいずれか1つの研究方法で得られた結果をもう1つの研究方法によって精緻化するという順次的手順があります。質的データ収集や質的研究の後に量的データ収集や量的研究を行って一般化することがこれにあたります。他に，量と質の両データを同時的に収集して，量データと質データを1つに収斂させる並行的手順というものがあります。そして，量的データと質的データを1つのデータの中に含め包括的に捉える変換的手順（Creswell, 2003）という方法もあります。量と質のどちらのデータを先に収集するかは，研究目的によるため，一定ではありません。質的研究データを先行して収集し，次に量的研究データに統合して一般化する場合もありますし，その逆に質的研究結果で量的研究の結果を説明する場合もあります。同時期に両データの収集を開始し，両者の関連性を解釈する方法もあります。

混合研究法による研究デザインは多様にあるといわれていますが，Creswell & Plano Clark（2007）によれば，主な混合研究法デザインには4つがあるとされています。トライアンギュレーションデザイン，埋め込み型デザイン，説明的デザイン，探索的デザインです。研究目的に照らして，研究デザインを十分に検討しておく必要があります。

(3) データの統合方法の検討

両データの方法としては，質的データによる結果と量的データによる結果を収斂（convergent）する方法，どちらかのデータを先に収集し，後に違うデータを収集し，連結する（connect）方法，量的データに質的データを埋め込む（embed）方法などがあります（Creswell & Plano Clark, 2007）。

(4) ジョイントディスプレイによる結果の表示

結果を表示する方法は，質的データと量的データの両者から得られたデータをジョイントディスプレイと呼ばれる表し方で1つの図や表に配置します。ここで性質の異なるデータをジョイントさせ，いかに図や表に配置するのかを考えることに想像力を使うと思います。ジョイントディスプレイとして，量と質データを1つの研究結果として表す方法を考えることは，楽しく，また苦しい時間でもあると思います。

比較対照型ジョイントディスプレイでは，質的テーマと量的統計結果を1つの表に並べて配置するものです。これは収斂デザインでよく用いられ，質的結果と量的結果が収束しているか，または見解が異なっているかを読者が理解することができる（Creswell, 2015）とされています。

テーマ別統計量型ジョイントディスプレイでは，横軸に質的テーマを並べ，縦軸には量的データを示し，各セルの中に，語りの引用や頻度などを示していく方法です。これは収斂デザインに特徴的なジョイントディスプレイであり（Creswell, 2015），これを用いれば，たとえば，職種による尺度の得点の数的違いと，職種別の意見の違いなどを1つの表に示すことができるというものです。

結果追跡型ジョイントディスプレイでは，説明的順次デザインで用いられ，量的結果を表の1つ

のカラムに示し，2つ目のカラムには質的フォローアップを示し，いかに質的結果が量的結果の説明に役立つかを3つ目のカラムに示すというやり方です（Creswell, 2015）。

尺度開発型ジョイントディスプレイでは，尺度開発の探索的・質的研究結果を量的測定段階に統合して表示するものです（Creswell, 2015）。最初のカラムに質的探索的結果を示し，質的結果の変数を2つ目のカラムに示す。そして，最後のカラムには，その測定が，新しい尺度を形作っていることを示します。こうすることによって，質的な初期の段階がいかに量的段階に組み込まれているかを理解することができるようになります。

筆者が初めてジョイントディスプレイを見たとき，量的データによる結果の中に，質的データが埋め込まれていて，まさに目から鱗が落ちる思いがしました。それ以来，ジョイントディスプレイを考えることが楽しいと思えるようになりました。

次節では，このような混合研究法による研究デザインを用いた具体的な研究事例を紹介したいと思います。この研究では，2つのフェーズを設けて行った収斂デザインによる混合研究法を用い，同時的に質的データと量的データを収集する方法を採用しました。結果を示したジョイントディスプレイは，2つの種類を例示します。1つはテーマ別統計量型ジョイントディスプレイに属すると思われるもので，質的データとして，対象者を参加観察した結果の分析から導き出された行動のコードを縦軸に示し，各々のコードが観察された時期を横軸に量としてジョイントさせて示したディスプレイの例です。もう1つは対照比較型ジョイントディスプレイの例であり，量的データと質的データの収斂の結果を表示しています。

III 世代間交流看護支援の　　アウトカム評価を例に

（1）世代間交流看護支援研究の背景

交通通信機関の発達等による生活圏の拡大，人口の都市集中，生活様式および生活意識の都市化，家族制度の変革などを背景として，地域における他者とのつながりは以前に比較して希薄化している（内閣府, 2007）といわれています。とりわけ，祖父母と孫世代など，異世代との接触頻度は大都市ほど少なく，祖父母世代と孫世代の日常的交流の機会は減っているといえます（総務省, 1998）。

東京都心部に位置する筆者が所属する大学では，People-Centered Care（市民主導型健康生成）の拠点としての活動を文部科学省21世紀COEプログラムの採択を受けて2003年度から進め，さまざまな事業を市民とのパートナーシップにより開発してきました（聖路加看護大学, 2008）。筆者らのプロジェクトでは，本学近隣地域の65歳以上を対象とした転倒と心身状態の調査（聖路加看護大学老年看護学ら, 2008）から，大学近隣の高齢者にはうつ傾向をもつ者が多いこと等を把握していました。また，都心部では，いつでも，誰でもが集うことができる場所が少なく，これらの声を背景として，誰でもが参加できる世代間交流を取り入れた地域においての高齢者支援を創出し，2007年4月に小学生と高齢者を対象とした多世代交流型デイプログラムをスタートすることとなりました。

このプログラムの開始に合わせ，混合研究法を用いた長期にわたる世代間交流研究を始めることとなりました。

（2）研究目的の明確化

研究目的は，フェーズ1では収斂デザインによる混合研究法を用い，東京都心部の看護系大学である本学が行う世代間交流プログラムについて，発会初期の小学生と高齢者間に生じる世代間交流の様相と高齢者・小学生各々の変化を評価し，その変化が生じる理由を示すこと，また，フェーズ2ではフェーズ1から導かれた世代間交流の様相をもとに世代間交流観察尺度を開発し，それを用いて高齢者の特性によって世代間交流の量に違いがあるのかを検討し，高齢者の特性による世代間交流の特徴を明示することでした。

フェーズ1の量的アプローチでは，高齢者の生

活の質（quality of life; QOL）の変化を比較群をおいて3カ月ごとに反復測定し，統計学的に分析しました。高齢者のメンタルヘルスについても反復測定を行いました。質的アプローチでは，エスノグラフィーを参考に，高齢者と小学生，ボランティア間等に生じた異世代間の相互交流の様相を各回について参加観察して記述していきました。両者のデータを収斂し，高齢者の心の健康上の変化，およびその変化をもたらす背景を分析しました（Kamei, et al., 2011）。

フェーズ2では，世代間交流観察尺度を用いて，各参加者の世代間交流の量を各回のプログラムで参加観察により評価し，その交流の特徴は質的データとして個別に記録しました。世代間交流の量は高齢者の特性によって違いがあるのか，その特徴を明示するために，両データを収斂・分析していきました（亀井ら，2014）。

(3) 世代間交流プログラムの内容

世代間交流とは，「異世代の人々が相互に協力し合って働き，助け合うこと，高齢者が習得した知恵や英知，ものの考え方や解釈を若い世代に言い伝えること」（Newman, et al., 1997）と定義されています。高齢者と子どもは互恵的ニーズ（reciprocal needs）をもつといわれ，「教えー教えられる」「育つー育てられる」といった相互にニーズをもっているとされています（Newman, et al., 1997）。わが国では，互恵的ニーズはこれまで家庭の中で自然に充足されていたはずですが，現代，とりわけ核家族世帯が多い都心部では，意図的プログラムの必要性が高いといえます。

本プログラムでは，これらのニーズに焦点を当て，プログラムの内容は市民とのパートナーシップにより，市民とともに考えています。プログラムを開催する会場は大学内の教室であり，筆者ら看護教員が週1回3時間の交流プログラムを運営し，プログラムのファシリテーターの役割をとって，小学生と高齢者の交流を促進するプログラムを考えています。具体的には，世代間交流おやつ作り，小物やちぎり絵などの共同制作，交流書道

写真　世代間交流プログラムにおいてのおやつ作り

や交流ゲームなど，毎週趣向を凝らしたプログラムを提供しています。

(4) データ収集
フェーズ1
1) 質的データ収集

質的データは，世代間交流プログラムの発会初期に生じる小学生と高齢者間の「交流」を参加観察を通して記述していくというものでした。大学院生や研究員が参加観察者となり，週1回開催する小学生と高齢者の世代間交流の様相を1年間にわたり観察・記述しました。観察の内容は，異世代間に生じる行動，言動，態度，表情などであり，観察を行う大学院生等は「参加者としての観察者」の役割をとり，プログラムの進行に合わせて，室内を移動しながら小学生と高齢者の交流の様子を観察し，観察シートに記録しました。看護教員は，会の運営を行いながら，観察者としての役割もとり，各回の終了後には観察者が記録した内容を確認し，ファシリテーター等が観察した情報などを追加して，観察記録をまとめていきました。

2) 量的データ収集

量的データは，高齢者と小学生への自記式質問紙調査により収集しました。

高齢者には，発会から3カ月ごとに，Medical Outcomes Study 8-Item Short Form (SF-8)（福原

ら，2004）を用いた生活の質，Geriatric Depression Scale(GDS)-15（Kurlowiez & Greenberg, 2007）を用いた抑うつについて自記式質問紙により心理的な側面の評価を行いました。小学生には，同じく3カ月ごとに，Semantic Differential（SD）法による高齢者へのイメージと，プログラムに参加した感想を自由に記述してもらいました。両データは，発会から定期的に収集し，参加観察は1年間で計40回，質問紙調査は計4回となりました。

フェーズ2

1）量的データ収集

フェーズ1で観察した世代間交流の様相は，内容分析を行い，世代間交流の様相としてカテゴリーを生成していきました。それをもとに，観察尺度を開発するためのアイテムプールを作成しました。アイテムプールを用いた参加観察を2年間にわたり行い，聖路加式世代間交流観察尺度（SIEROインベントリー）を開発し，信頼性，および妥当性を検討していきました。また，SIEROインベントリーが尺度としての妥当性が確認できたことから，これを用いて，交流量の参加観察を行いました。

2）質的データ収集

高齢者の特性による世代間交流の質に違いがあるのかを検討するために，高齢者個別の特性（心身状態に問題がない一般高齢者，転倒ハイリスクや病気がちである虚弱な高齢者，認知症をもつ高齢者）を特定した上で，交流行動の特徴を参加観察していきました。（図7-1）

（5）対象

世代間交流プログラムの参加者募集は，2007年に行い，方法は，発会案内を作成して東京都A区内の2つの小学校，近隣の町会，高齢者クラブ，

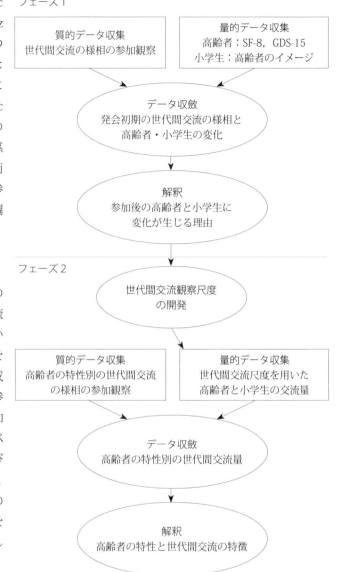

図7-1　世代間交流の解釈における2つのフェーズで構成した収斂デザインと順次デザインの組み合わせによるデータ収集

地域包括支援センター等に持参または送付し，同時に本学主催のウェブサイトを用いて公募しました。発会初期には65歳以上の高齢者12名，小学生5名，中学生1名が参加登録し，参加前のアセスメントにより全員参加可能と判断できました。このうち，ほぼ毎週プログラムに参加し，初回，6カ月目，12カ月目の3回の全評価時点で自記式質問紙への回答が得られた高齢者10名，小学生4名をフェーズ1の分析対象としました（初期登

録者中有効回答率；高齢者83.3%，小学生66.7%)。高齢者については比較群として，定期的な多世代交流プログラムに参加していない65歳以上の者，およびプログラムの市民ボランティアを同方法で公募し，11名（女性）の協力者に3カ月ごとに自記式質問紙調査を行い，10名から回収を行いました（回収率90.9%）。

フェーズ2では，発会から3年が経過しているため，初回から継続的に参加している者と，途中から入会した参加者の両者を対象とすることにしました。

（6）主な結果と考察
① フェーズ1の主な結果と考察

SF-8, GDS-15の反復測定分散分析の結果，世代間交流プログラムに参加した高齢者はSF-8のメンタルヘルスに関するQOLが6カ月後に有意に上昇していました。また，初回参加時に抑うつ傾向のあった高齢者群で3カ月後に有意な抑うつの低下が認められていました（Kamei, et al., 2011）。

世代間交流の観察からは，【高齢者が子どもの居場所をつくり迎え入れる】【高齢者と子どもとボランティアがお互いを知る】【皆ができることをする】【ともに教えあう】などの発会初期の世代間交流のカテゴリーが見出されました。これらの交流行動が観察された時期はジョイントディスプレイとして図7-2にカテゴリー，サブカテゴリー別に示しました。この示し方によって，発会初期の世代間交流には特徴があることが示されました（亀井ら，2010）。たとえば，このプログラムでは，高齢者が先に集まり活動を始めています。小学生は下校後にプログラムに加わるため，【高齢者が子どもの居場所をつくり迎え入れる】という交流が生じていたというものです。これは，発会初期には観察されていませんでしたが，徐々に両者が顔馴染みとなり，4週目になって高齢者が小学生を笑顔で迎え入れるようになっていたという交流行動が生じていたことが分かりました。また，【高齢者と子どもとボランティアがお互いを知る】交流行動は初回のときから観察されていました。【子どもの発言が増える】のは，1カ月目の4週目に出現しており，そのときのプログラムの内容は地域にちなんだかるたを皆で考え，作成するというプログラムでした（亀井ら，2010）。

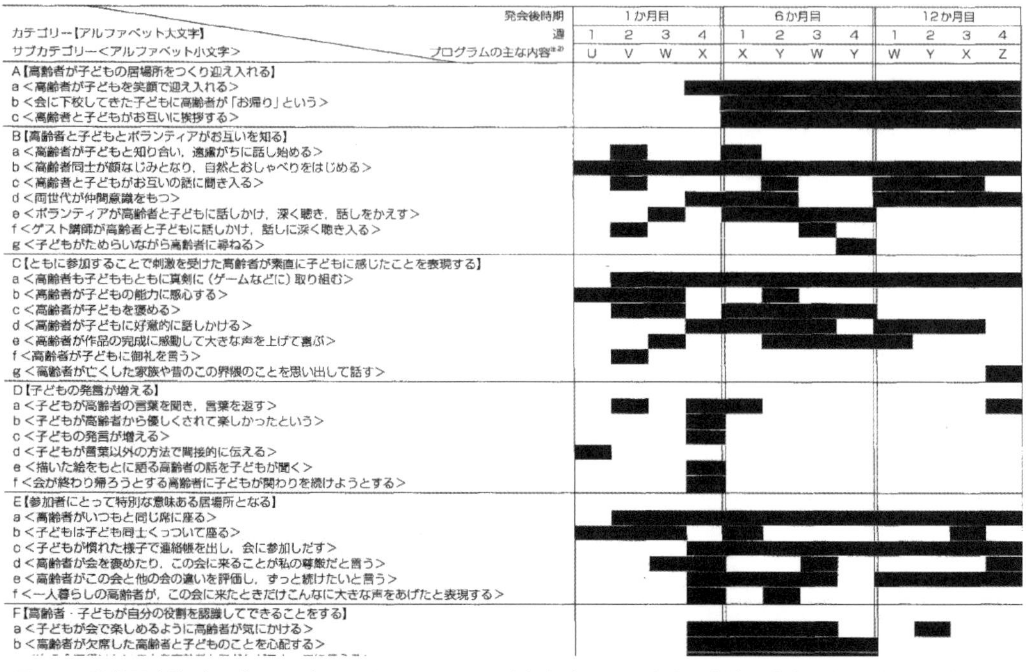

図7-2　世代間交流プログラムの初回から12カ月間の参加観察による世代間交流の内容と出現時期の分析結果
（亀井ら，2010より一部抜粋）

観察された世代間交流のうち,「意味ある居場所の共有」という交流が世代間交流の中核となる概念であると捉えることができ,これをコアカテゴリーとしました。

このように,世代間交流プログラムへ参加することにより,高齢者には,メンタルヘルスの面での向上や,抑うつ傾向があった高齢者群ではうつの低下が生じていました。この理由には,小学生との交流により地域の中での意味ある居場所を毎週もつことができるようになり,地域の小学生と顔見知りになったり,小学生や同世代の高齢者に何かを教えた体験をしたことによって自己の有用感を見出すことができたためであると解釈することができました。実際に,スタッフは,初期にはうつ傾向が強かった高齢者が数ヵ月のうちに笑顔が出るようになり,それとともに表情が好転し,言動が増えたことを観察・記録しており,これは世代間交流プログラムに参加していない高齢者には観察されませんでした。これらのことから,都市部においての世代間交流プログラムは高齢者のメンタルヘルスの向上に有用であることを示すことができたと考えられました。

一方,SD法による小学生の高齢者へのイメージは,参加前後で有意な変化は見られず,サンプル数の少なさと天井効果によるものと考えられました(Kamei, et al, 2011)。

② フェーズ2の主な結果と考察

世代間交流の様相を表したカテゴリーをもとに,アイテムプールを作成し,暫定版の世代間交流観察尺度(SIEROインベントリー)を作成しました。これを,2年間のプログラムに参加した高齢者延べ469名分,小学生延べ168名分,計延べ637名分の観察データを収集し,分析しました。因子分析を行った結果からSIEROインベントリーは「異世代と歩調を合わせる」8項目(α係数=0.78),「世代継承性」3項目(α係数=0.70),「異世代との対話」3項目(α係数=0.68),「交流活動を楽しむ」3項目(α係数=0.57)の4因子構造(17項目)が示され,モデルの適合度も高いといえました(GFI=0.958, AGFI=0.938, RMSEA=0.051, 全体α係数=0.82, 因子間相関=0.1〜0.4)。

これらのことから,SIEROインベントリーは,高齢者と小学生が地域で集う継続的な世代間交流プログラムにおいての世代間交流の量を測る尺度として,信頼性・妥当性があることが示唆されました(亀井ら,2013)。

続いて,このSIEROインベントリーを用いて,一般高齢者の他に,虚弱,認知症といった高齢者の特性による世代交流の特徴を示し,支援のあり方を検討するために,これらの特性別に交流の様相を評価しました。

その結果,図7-3に示したように,一般高齢者の交流得点が最も高く,虚弱な高齢者群・認知症をもつ高齢者群・小学生は同等であることが分かりました(亀井ら,2014)。

一般高齢者では,互いに挨拶して小学生をプログラムに迎え入れ,小学生に話しかけることが多く,小学生の話を聞き,会話が弾んでいました。また,毎週小学生の成長を喜ぶなど,表現豊かに,楽しんで参加している様子が観察されていました。

転倒しやすい,疾患をかかえているなど虚弱な高齢者では,小学生と同じ話題で話すことは少ないが,小学生の話はよく聞いており,共同制作などの活動には集中し,プログラム自体は楽しんでいる様子がありました。

認知症をもつ高齢者では,すぐ隣に小学生が来たときには,小学生を見て笑顔が生じ,ときには自分に配られたおやつを差し出す様子が観察されました。しかし,1週間前の小学生の様子やプログラムとの比較による発言はありませんでした。一方,小学生(5年生女子)は,集団で行動する場面が多く,単世代で固まって楽しんでいることが中心でしたが,ゲームの場面では自然に高齢者と交流する様子や,小学生がアイデアを出して競い合う様子が観察されていました。

小学生への自由記載によるアンケートからは,「高齢者にいろいろと教えてもらった」「高齢者は何でも知っている」など,高齢者から「教えられる」ことで世代継承性を受け入れている記述が見

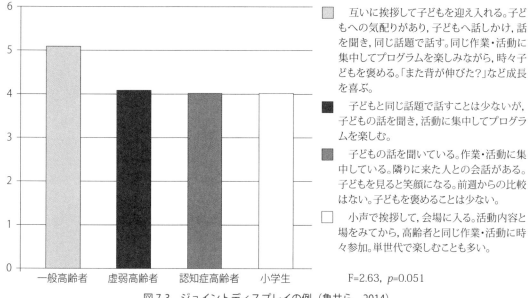

図7-3 ジョイントディスプレイの例（亀井ら，2014）

られていました。

　これらのことから，世代間交流の「量」は虚弱な高齢者，認知症をもつ高齢者，小学生は同等であっても，交流の「質」やお互いの世代から得ているものは世代や参加者の特性によって異なることが理解できました。

　本プログラムにおいての世代間交流とは，高齢者と小学生が都心の中でお互いを知り，相互に刺激を受け合い，言語や態度を率直に表現できる場であり，両世代が「意味ある居場所」を作るというものであると考えられました。以上から，本プログラムは両世代間のコミュニケーションと，仲間意識による連帯を中心とした相互交流により，各世代にとって意味ある居場所となり，小学生にとっては高齢者観の育成，高齢者のメンタルヘルスに良い変化をもたらしている可能性があることが示唆されました。

（7）おわりに

　混合研究法によるアプローチによって，質的データによる結果と，量的データによる結果を収斂することで，一言で世代間交流とはくくれず，参加者は各世代や特性ごとに交流の仕方や異世代から受け取っているものが異なっていたことを理解することができました。また，高齢者にとってはQOLの改善，そして抑うつ傾向のある者のメンタルヘルスに良い変化があり，その変化が生じた理由や意味を交流内容等からより詳細に理解することができたと考えられました。

　これまでさまざまな介入プログラムの効果を測定・評価する場合には，「介入研究」を計画して，量的研究法により検討する経験が筆者には多かったといえますが，混合研究法を用いることで，介入による量的な変化と同時に，その変化の根拠となる質的事象を捉えることができ，量的変化に解釈を与えられる可能性が増えたと考えています。

　本研究の看護実践への示唆として，都市部において大学内で行う世代間交流プログラムは，異世代間の相互交流や異世代間のコミュニケーションを促進する場となること，そして相互の連帯をもたらす場となることが明確化しました。また，とくに都心の中での「意味ある居場所」となるよう参加者本人にとっての各々のプログラムの意味づけを促進すること，そして両世代の相互交流をより深く促進するためのスタッフの世代間交流支援技術の明確化，地域の中で両世代にとって持続可能なヘルスプロモーション看護活動となるための方法を検討することの重要性が具体的に見出され

ました。

　看護研究では，人を対象としたさまざまな看護介入の有効性を評価し，エビデンスを構築することが必要ですが，量的な有効性に注目しつつも，そこで何が生じているのかという質的な要素にも目を向け，両者から的確に現場の事象を理解していくことが必要であると思います。

引用文献

Creswell, J.W. (2003) *Qualitative, Quantitative, and Mixed Methods Approaches*. Thousand Oaks, CA: Sage.

Creswell & Plano Clark. (2007) *Designing and Conducting Mixed Methods Research*. Thousand Oaks, CA: Sage.（大谷順子訳（2010）人間科学のための混合研究法．京都，北大路書房．）

Creswell, J.W. (2015) *A Concise Introduction to Mixed Methods Research*. Thousand Oaks, CA: Sage.

福原俊一，鈴鴨よしみ（2004）SF-8 日本語版マニュアル，京都，健康医療評価機構．

Kamei, T., Itoi, W., Kajii, F., Kawakami, C., Hasegawa, M. & Sugimoto, T. (2011) Six Month outcomes of an innovative weekly intergenerational day program with older adults and school-aged children in a Japanese urban community. *Japan Journal of Nursing Science*, 8; 95-107. doi:10.1111/1.1742-7924.2010.00164.x

亀井智子，糸井和佳，梶井文子，川上千春，長谷川真澄，杉本知子（2010）都市部多世代交流型デイプログラム参加者の12カ月間の効果に関する縦断的検証—Mixed Methodsによる高齢者の心の健康と世代間交流の変化に焦点をあてて．老年看護学，14(1), 16-24.

亀井智子，山本由子，梶井文子（2013）聖路加式世代間交流観察（SIERO）インベントリーの開発と信頼性・妥当性の検討，聖路加看護学会誌，17(1), 9-18.

亀井智子，山本由子，梶井文子，千吉良綾子（2014）都市部における世代間交流プログラムの高齢者と子どもの交流評価—第2報：参加高齢者の特性別交流評価，第19回日本在宅ケア学会学術集会講演集，70．

Kurlowiez, L. & Greenberg, S.A. (2007) The Geriatric Depression Scale (GDS). *American Journal of Nursing*, 107, 67-68.

内閣府（2007）平成19年度国民生活白書．URL: http://www5.cao.go.jp/seikatsu/whitepaper/h19/01_honpen/index.html

Newman, S., Ward, C.R., Smith, T.B. et al. (1997) *Intergenerational programs: past, present, and future*. pp.3-19, 55-79. Washington DC: Taylor & Francis.

聖路加看護大学（2008）聖路加看護大学21世紀COEプログラム市民主導型の健康生成をめざす看護形成拠点研究成果最終報告書．東京，聖路加看護大学21世紀COEプログラム．

聖路加看護大学老年看護学・桜美林大学大学院老年学研究科（2008）高齢者の心身健康データブック　東京都中央区明石町・築地町　転倒とその予防編．URL: http://arch.luke.ac.jp/dspace/handle/10285/4745

総務省（1998）平成10年度児童・生徒の高齢化問題に関する意識調査結果．URL: http://www8.cao.go.jp/kourei/ishiki/h10_kiso/html/0-1.html

Tashakkori, A. & Teddlie, C. (2003) *Handbook of Mixed Methods in Social & Behavioral Research*. Thousand Oaks, CA: Sage.

混合研究法を用いた包摂的科学への移行

R・B・ジョンソン＊（報告者：八田太一＊＊）

＊南アラバマ大学　＊＊京都大学 iPS 細胞研究所

要　旨

　過去30年間，社会／健康科学は量的研究と質的研究の違いに起因する分裂を経験してきた。混合研究法（mixed methods research）はこの違いを乗り越え，包摂的科学へと移行するための方途を提示する。これは，「他者」の研究を尊重・理解し，発想法や「両立」の理論（"both-and" logic）を用いることで達成される。包摂的科学は，量的，質的，そして混合研究法の要素を包含し，パラダイム，研究方法論，研究手法，そして研究分野に関して多元論的な姿勢をとる。この「新しい」科学は，それらのあらゆる長所を充分に活かす一方で短所を克服するのに役立ち，より完全で，究極的にはより説得的な科学を提供する。本講演では，包摂的科学の18原則を紹介することで，国境や研究分野を超えた包摂的科学のビジョンを示す。

（本文中の下線は報告者による，ただし18原則内の傍点はジョンソン氏による）

I　はじめに

　それではよろしくお願いします。今日は，現実的で包摂的な科学(realistic and inclusive science)を構築する上で，混合研究法（mixed methods research）がどのように関わっているかについてお話しします。混合研究法は，研究の伝統だけでなく文化的な伝統を含め，あらゆる伝統を尊重し学びを得る営みです。そうするとこれまでの学問的境界が薄れて，結果として学際的な学びを体験するわけです。ある意味，その科学的な営みは混合研究法の洗礼を受けることで包摂的なものになるわけです。差しあたって，ここでは包摂的科学（inclusive science）と呼ぶことにします。

II　ジョン・ロールズの思想

　最初に哲学的な話をさせていただきたいと思います。哲学者ジョン・ロールズ（John Rawls）は，全体的に公正さと効率が担保され，いろいろな人たちやさまざまな立場が公正かつ合理的に扱われるような世界を描くための哲学的な方略を示しています。彼の概念を踏まえながら包摂的科学について考えてみたいと思います。

　ロールズの方略には，「無知のヴェール（veil of ignorance）に覆われた原初状態（original position）に身を置く」という前提があります。まず，原初状態というのは，自分たちのアイデンティティの元となる情報についての知識を持ち合わせていない状態のことであり，ロールズは無知のヴェールに覆われた状態と呼んでいるのです。このような仮想的状態にいるとしたら，あなた自身がどこに行き着くのか分からないわけです。このような中で合意形成をするとなると，あなた自身が公正かつ合理的に扱われるためにはあなたが全体的な合理性を考慮するより他に仕方がなくなるのです。無知のヴェールに覆われた状態でできることは，合理的である（to be rational）ということだけです。あなた自身がどうなるか分からない

わけですから，自分の今の利害あるいは偏見を頼りに行動することはできないわけです。

私もこの方略を科学に適用させてみたいと思います。原初状態にある人たちで構成される雑多な集団が，何をもって理想的な科学の営みであると認識するのかを考えてみたいと思います。

ロールズは現社会で現実主義的ユートピアを構築するために彼の理論を用いたわけですが，私は科学的営みとしての現実主義的ユートピア[1]を構築するために同様の方略を用いたいと思います。

III　この発表のねらい

ロールズの方略を使って科学を構築するとしたら，どのような形になるでしょうか。差しあたり，どのタイプの科学が最善であるかといった考え方は脇に置いていただくとして，科学にとって現実主義的ユートピアをどのように構築すべきかについて一緒に考えてみたいと思います。繰り返しになりますが，この思考実験では，皆さんが個人としても専門家としても，どこに行き着くかは決まっていないわけです。構成主義者，実在主義者，ポスト実証主義者のどの立場をとるのか，量的研究者，質的研究者，混合研究法の研究者になるのか，政治学，心理学，健康科学の研究者になるか，はたまた医師になるのかも分かりません。無知のヴェールに覆われているわけですから，どんなことになるのかは分からない状態です。その科学全体として十分に役立つものであるだけでなく，誰にとっても可能な限り良いものでなくてはなりません。さらに，今話をしている科学の最終目標は，現実主義的ユートピアを作るということです。それは実現不可能な理想郷という意味のユートピアではありません。実現可能で現実主義的ユートピアを作るということが科学の目標です。

ここで難問に直面します。「これほど多くの知的な人々が，なぜ科学をめぐって相対立する見方をするのだろうか」，私は不思議に思っていまし

1　ここでいう，科学的営みとしての現実主義的ユートピアとは，さまざまな研究手法やパラダイムがもつ強みや可能性というものが最適化された状態を指す。

たが，皆さんはいかがでしょうか。私の暫定的な結論としては，科学に対する立場は異なってはいても知的な人々は，少なくとも方法論に限っては，互いに矛盾する洞察ではなく互いに補完する洞察を持っているということです。いろいろな人がいるわけですけれども，共有すべき大切なものを持っている。それが私の科学的思想的な立ち位置として浮かび上がってきました。

IV　科学という営みの性質

今しばらく，科学とは何かということを考えてみたいと思います。科学には非常に狭い定義が与えられることが多々あります。理論とか，仮説とか，データとか，そういったものを用いて何かを証明して終わり，そういうことがあるわけです。しかし，これは科学のありようとしては非常に限定的な考え方です。科学には，発見のコンテクスト（context of discovery）がありますし，正当化のコンテクスト（context of justification）もあります。科学が包摂的であるためにはその両方が必要です。古代ギリシャまで遡った大昔の話ですが，科学というのは知そのもの，あるいは知を手に入れる手段だというふうに考えられており，当時はまだ学問というものが今のように細分化されてはおらず，学問的活動のすべてが哲学であったわけです。古代ギリシャ人が，哲学あるいは科学の仲間に入れなかったのが実践知（phronesis）というものであります。哲学や科学を扱う人たちは重要な知識をもっているわけですけれども，それと同時に，科学にとって重要な実践知をもっていた人も他にたくさんいたわけです。伝統的な科学が重んじる理論的知識は必要ですけれども，それに加えて正当化可能な包摂的な科学では実践知も重要だと私は考えています。

科学は価値中立（value neutral）であるというふうにいわれてきたわけですけれども，しかし実際には科学にはさまざまな価値が含まれています。たとえば予測，記述，説明，理解，中立性，開かれた心，発見といった認識論的な価値観[2]。たとえば，善行，無危害，倫理的であること，社会の役

に立つことなど道徳的社会的な価値観も含まれているのです。私が最初に考えついたことは，こういったような科学を構築するべきだということであります。包摂的科学の精神や論理を踏まえると，科学のもつ認識論的な価値観，道徳的社会的な価値観に対して透明性を保たねばならないのです。

もう1つ，私が考えた難題があります。それは，人間というのは自己中心的で，私こそが真実を知っている，だからあなたに教えてあげよう，そういう姿勢になりがちだということです。自己中心的になったり，自分の学問中心的になったり，研究手法あるいは研究方法論中心的であったり，パラダイム中心的であったりするわけです。しかし科学には解決すべきさまざまな問題があります。1つのアプローチや見方，パラダイムで解決できるものではない。そこをわきまえることが重要だと思います。

V 包摂的科学にむけて

ということで，包摂的科学というのは，還元主義をも包摂し，尊重するということですね。理論物理学，マイクロ生物学，マクロ生物学，社会学，心理学等々，いろいろなものを尊重する。しかしそれと同時に，一方向に進むものであったり，あるいは単一の学問分野への還元であれば，これを拒否するというものです。私の考えの背景にはそういったものがございます。ここからは，包摂的科学の18の原則についてお話をしたいと思います。科学ですから，合理的に正当性を主張することができなければなりません。それも複数の利害関係者にとってです。すなわち，私たちが主張して，他の人の批判を受けたときに，それに反論することができるものであることが重要です。したがって，これからご覧に入れる包摂的科学の18原則は私の提案です。

さて，私がどのように18原則を作り上げたのか，そのカラクリを先にお話します。長い間，量的研究と呼ばれるものが強調してきたもの，あるいは質的研究と呼ばれるものが強調していたものがあるわけです。そして両者の強みを統合させる混合研究法というものが登場してきたわけですが，私のいう包摂的科学は多分に混合研究法の洗礼を受けております。包摂的科学でも混合研究法のように，「両立」の論理（"both-and" logic）を使いました。これは，いろいろな議論をするときに1つの戦略として用いられ，議論全体の中で「どちらも」という考え方を18原則の中にも取り入れております。それから，包摂的科学においてはマルティプル（multiple）という言葉が多用されております。もう1つ，バランスという言葉も重要です。アリストテレスの時代まで戻って考えてみてもそうですが，科学ではバランスというものが非常に重視されてきました。

それでは，包摂的科学の18原則を一つひとつ見ていきたいと思います。

（1）包摂的科学の対象となる科学的題材

原則1：重要な研究課題と前向きな可能性を見出し，人間のもつ知に寄与できるような潜在的で実用可能なアプローチによって調査することができる研究設問を設定せよ。こうすることで，自然科学，社会科学，行動科学，そして人文科学に重要な場を提供せよ。

ここでいう人間のもつ知とは，たとえば，経験的，哲学的，歴史的，そして芸術的なものです。包摂的科学にとっては，教育も健康科学も領域を問わず，どちらも科学的なテーマとして扱うのが第1の原則です。混合研究法は，いろいろな研究課題や設問を調査し，多様な知を生成することで知の総体をより完全なものに近づけるといえると思います。たとえば，Chilisa & Tsheko（2014）は，ボツワナの学生を対象にしたHIV/AIDS予防プログラムを開発するにあたって混合研究法を採用し

---

2 認識論的な価値観として，その他に理解（verstehen），対応（correspondence），もっともらしさ（plausibility），一貫性（coherence），最小仮説（parsimony），法則論（nomological theory），実践的理論（practical theory），洞察力（perspicaciousness），真実性（authenticity）などを挙げている。

ていますが，この研究の視座には植民地支配後の土着のパラダイムも盛り込まれており，社会の変革を目的としたものであります。

（2）包摂的科学における存在論

存在論（ontology）というのは現実（reality）を学ぶ哲学でありますが，世界とは何かということを研究するわけです。

　原則2：役立つ多様な方途で，概念的な現実と経験的な現実を切り取れ。

たとえば，心理学者であれば個人の生活観や経験に基づいて捉えるでしょうし，社会心理学者であれば社会の視点で捉えるでしょう，同じ現実であっても見方がずいぶんと違ってくるわけです[3]。現実を切り取る際には，それぞれの研究分野に合った知として現れるのです。もう1つ，現実は，主観的要素，間主観的要素，客観的要素（物理的要素や物質的要素）にも切り分けることができる。ですから我々が現実の話をする際には，それが意味するものを認識すること，つまり存在論が必要です。混合研究法においては，現実的かつ多元的に世界を理解していくことを目指すわけです。たとえば，Zea, Aguilar-Pardo, Betancourt, Reisen & Gonzales（2014）は，生活史に関するインタビューと質問紙調査を実施することで，参加者のもつ主観的，客観的，社会的な世界を単一の研究で探索しております。ここで存在論を通して申し上げたいことは，私たちは主観的であり客観的でもある研究手法を用いて世界のありようを探っているということです。そして，自分の研究は現実のどの部分を研究しているのかということに意識を向けていただきたいのです。

（3）包摂的科学における認識論

認識論（epistemology），それは知の理論（theory of knowledge）であります。

原則3：いくつもの学術的レンズや専門分野のレンズを通して，学際的（interdisciplinary）で越境的（transdisciprinary）な研究となる協働を通して，多様な方途で人間を研究せよ。

混合研究法は学際的チームで実施されることが多いため，認識論の視点を考慮しておくことは現実的な考え方だと思います。

（4）包摂的科学における科学的な目標

　原則4：自然界に対しても社会的・個人的に意味をもつ「世界」あるいは人間の経験に対しても，その両方に対して個別的・相互接続的に探求し，省察し，記述し，予測し，そして説明をせよ。

自然界と社会的・個人的に意味をもつ世界と，両方の世界を対象とする点が重要です。実際，混合研究法を用いた研究では心拍や血圧など身体的特性を測定することもできるし，また主観的な経験といった心理的特性を調査することもできます。1つの研究としてそういったことに取り組むことは，それはそれで興味深いわけです。ですが私がここで申し上げておきたいことは，どのような科学であれ，科学であるからには目的に合わせてデータを収集し分析するといった総体的な営みを含んでいるということです。では，混合研究法は，私たちに一体何を語っているのでしょう。それは，混合研究法が目的に合わせていくつもの研究や研究手法を組み合わせることができることであり，自然界と社会的世界を研究してそれらを統合する際に有利な立場にあるということです。Woolley（2009）は，構造と行動主体性（agency）を論じたとても興味深い研究です。構造は量的研究者が，そして行動主体性は質的研究者がよく注目するものですが，この論文ではその両方を取り上げておりその概念が一緒に使われた例であるともいえます。

3　講演では，「群盲象を撫でる」の逸話を引き合いに出して，物事にはいろいろな見方があることを説明。

(5) 包摂的科学における演繹的な知と帰納的な知

原則5：新たな知を継続的に生成し，発見し，記述し，そして構成せよ。さらに，得られた知を試し，評価せよ。

この原則の前半は質的研究のような立ち位置を取っているように思われるかもしれません。知とは，発見のコンテクストと正当化のコンテクストの両方を経て獲得されるものですが，両方のコンテクストがきわめて重要です。ややもすれば，評価こそが科学だという見方をする方もおられるかもしれません，しかし，そういった科学は不完全ですよね。確かに知は，正当化のコンテクストを経て「一応の」完成とみなされますが，これでは総体的な科学的営みの半分にも満たないのです。私たちは，仮説や理論を生み出してそれが正しいかを試してみることで発見をし，そうやって知の総体が構成されていくわけです。ですから混合研究法や包摂的科学というのは，包括的な営みであって，いろいろなものを研究に包含していく立場をとります。

(6) 包摂的科学における価値の所在

原則6：複数の研究者，多様な価値，目的，コミットメント，背景にある認識をはっきり説明せよ。

私たちが研究をする際，その研究には研究者や利害関係者の多様な価値観が含まれるわけです。たとえば病院で行われる研究であれば，患者，看護師，医師，家族，このような利害関係者が考えられます[4]。研究にはいろいろな立場にある人たちの価値が含まれておりますので，研究という営みが実に包括的であるかはご存知かと思います。ですから，混合研究法においては，これらのものをすべて包含することがよくあります。そして，混合研究法の研究者は自分のパラダイムに開示的であること，あるいはパラダイムが混合（mixture）されることに寛容でなければなりません。そして常に自分のパラダイムや立ち位置の変遷に自覚的であるように再帰性に注意を払わねばなりません。Garner（2013）は，自分自身の認識論的な価値，プラグマティズムに対する価値づけを明確に説明しております。大変興味深いのは，プラグマティズムというのは自由の哲学だと考えている点です。つまり，どのようなパラダイムであっても単一のパラダイムには制限されないということです。プラグマティズムは他のパラダイムを包含することができる。だからこそ，自由であり，良い研究ができ，問題を解決することができて，パラダイムですら混合することができると彼は主張しているわけです。ですから，混合研究法は方法論的な意味での包含というものも可能である。私はプラグマティズムを信奉しております，混合研究法においては多くの方々もこの哲学的立場を取るわけです。

(7) 包摂的科学における方法論と手法のすり合わせ

原則7：特定の研究設問に確実な回答を導き出すことができる，多様で重複しない研究手法や研究戦略を，別々にまたは組み合わせて用いよ。

混合研究法はいくつもの研究方法論，研究手法，研究戦略を用います。研究手法のレベルで混合することができるわけです。質問紙調査においては開放型の質問項目と閉鎖型の質問項目の両方を単一の質問紙調査に包含する（mix）ことができます。このように，同一研究手法で性質の異なるデータなどを組み合わせること（intra-methods mixing）[5]ができるわけです。intraはwithinという意味です。また，いくつかの研究

---

[4] ここでは研究に関与する価値に焦点を当てているため，ジョンソン氏の講演では，その病院の文化や病院の各階にある文化も利害関係者に含めて論じている。

[5] パネル・ディスカッション2のイントラメソッド・ミキシング（p.123）も参照。

手法を混合する場合，研究手法，研究方法論，研究パラダイムを包含することもできます。深層インタビューと構造化された質問紙を1つの調査で採用してデータを収集することができるわけです。深層インタビューの対象は数人に絞られてしまいますが，構造的な質問紙調査では大勢が対象になります。このように，1つの調査の中で異なる手法を組み合わせること（inter-methods mixing）も可能なわけです。interはbetweenと言う意味です。

Morgan & Stewart（2002）は，研究手法だけではなく研究方法論も混合することができることを示しており，実際に，準実験研究（quasi-experimental research）の方法論とグラウンデッドセオリーを採用して，1つの研究で両方の研究方法論を混合させています。混合研究法においてはこういうことが可能になり，いろいろな方途を提示することで私たちの世界を広げてくれるものなのです。

（8）包摂的科学の場
原則8：実験環境と自然環境で人間が生み出すプロセスについての理解と知識を獲得せよ。

科学というと，実験室あるいはフィールドでデータを収集することになるわけですけれども，実際にはいろいろな環境でデータを集めることができる。研究の場を盲目的に限定しすぎないというのがポイントです。

（9）包摂的科学の研究チーム
原則9：単独の研究者が行った研究，他の研究者と協働した研究，および，完全に参加者として関わった研究はどれも，異なる方途で知を生み出し，それらは科学にとって大切なことである。

このことは科学にとって重要なことです。Buck, Cook, Quigley, Eastwood & Lucas（2009）は，協働アクション型混合研究法（collaborative action mixed methods research）を複数の研究者が協働してチームで実践しました。

（10）包摂的科学における証拠となる情報源
これは良い研究の原則を言い当てていて，非常に納得できる点だと思いますが，混合研究法に限ったものではありません。

原則10：さまざまな情報源をエビデンスの拠り所にせよ。

良い科学を実践するにはこれは必要ですよね。一方で，これは科学に限らず調査研究においても適用され，単一の研究で複数の情報源が必要になる混合研究法においても，この原則が通用するわけです。Koekkoek, Hutschemaekers, van Meijel & Schene（2011）は，メンタルヘルスケア領域において特定の患者対して医療者がどのように「やりにくさ」を感じるようになるのかを明らかにするために，多様な研究手法と研究方法論を用いました。文献レビュー，専門家を対象にしたデルファイ法，医療専門職への質問紙調査，「やりにくい」患者（difficult patient）を対象にしたグラウンデッドセオリーによるインタビュー調査，そして「やりにくい」患者の事例研究を3例行っております。この研究は本当にいくつもの研究が組み合わされた長編論文でして混合研究法を用いた研究であるといえます。

（11）包摂的科学の理論生成と理論検証
原則11：理論の生成並びに理論の検証や継続的修正を通して，説明的な研究を関連する理論に結びつけよ。

これは私の偏った見方がやや反映されていますが，理論というのは重要だと思うのです。ただ，私が好きな理論というのは実践的理論であり，現場で適用できて実際に使えるようなものです。ここでポイントになるのは，良い理論であるには，理論を生み出して検証しなければなりません。もし理論の生成に終始していたら，理論を全体的なも

のとして構築する際に何かを見落としてしまいます。ですので，混合研究法では，あらゆる研究戦略が用いられ，帰納的／探索的戦略と演繹的／検証的戦略を組み合わせることがよくあります。繰り返しになりますけれども，混合研究法では単一の研究の中でいくつかの研究戦略を組み合わせることができます。たとえば混合研究法（mixed methods）でグラウンデッドセオリーを用いるのは，とてもワクワクしますよね。私たちは，理論を生成し，同じ研究の中で，その理論を検証することもできるわけです。Sharfman, Shaft & Anex Jr（2009）は，単一の研究において探索的なアプローチから理論を構築し，次にその検証を行なっております。

（12）特定の包摂的科学にある理論形態
原則12：法則的知の領域を記述し，そして，個別的具体的でローカル・コンテクストの知の領域を記述せよ。意味のある「実践的理論」を継続的に生成するために，これらの知の領域を結びつけよ。

これはある意味，混合研究法が質的研究と量的研究を橋渡し，この3つの研究手法を融合（merge）[6]させるわけです。Ball（2013）は，看護学生による看護実践において情動知性（emotional intelligence）がどのように活用されているかを説明する理論モデルを生成するために，混合研究法的なグラウンデッド・セオリー（mixed methods grounded theory; MM-GTs）を用いたものですが，そこで得られた知見は他の量的研究の発見を支持するものでして，その理論はより広範に利用できる可能性が示されたと考えられます。

---

6 merge について，ここでの訳出は「融合」とした。本講演では包摂的科学という科学のあり方を論じており，ジョンソン氏の混合研究法に対する考え方（パネル・ディスカッション2 p.117-118, p.122）を踏まえると，質的研究と量的研究どうしの境界がなくなった状態（あるいは，境界がなくなる状態）を想定しているものと考えられる。第1章 p.2 も参照されたい。

（13）包摂的科学における理解の程度
原則13：ミクロ，メソ，かつマクロを研究せよ，そして，これらを結びつけることで世界についてより完全に近い，相互に連結した理解を生み出せ。

混合研究法は，現実というものをいくつかの次元で研究し，そこから得られたものを統合的な理解へと集約させるのに適しております。ミクロとマクロの研究を単一の研究で行うのです。Wren（2003）は，デンマークにおける難民の離散についてマクロからミクロな規模で分析を行いました。現在，難民の移動は大きな問題でして，多くの難民がデンマークにも押し寄せており，国際規模でどのような理論が適応可能かについて議論しなければなりません。これはマクロレベルの理論です。しかしながら，各地方で生じる難民の離散についてはミクロレベルの理論が必要になっているわけですよね。マクロレベルの理論とミクロレベルの理論が一緒になっていないと，国のマクロな視点で作られた政策は現場では適用できないわけです。ですから，この研究では，マクロからミクロまで見ていく必要があったわけです。

（14）包摂的科学における普遍性と複雑性
原則14：仲介的で調停的プロセスを反復し，翻訳し，転用し，文書化し，一般化の条件を描き，可能な限り広い一般化を志向せよ。かつ，複雑なコンテクスト上にある，文化的で生態的な相互作用を同定し，等結果性と多結果性を明らかにすることで，とくに，社会行動理論の理解，実践的応用や適用に役立てよ。

前半は一般化の話で量的な側面，後半はコンテクストといった質的な側面が出ていて，もちろん，両方というのが重要です。私の考えるMM-GTsはこの原則に当てはまるもので，複雑で偶発的な事象に理論を適応させる際に，MM-GTsがどのようにコンテクストに潜む要因を特定するかを説明しております（Johnson, McGowan & Turner,

(15) 包摂的科学におけるモデル化の重要性

ここでは，私にとってのモデル化についてお話しします。皆さんプログラムを作ってそれをマニュアル化しておくと，うまく行ったときに他の人たちに伝達することができるわけです。ですから，モデル化というのは科学においては大切であると考えています。

> 原則15：「マニュアル化されたモデル」，実践に基づいたモデル，中間レベルの理論的モデル，メタモデル（モデルのためのモデル），そして，人間の現象の超越理論的学際的モデルを明確に述べ，詳説し，構築し，検証せよ。さらに科学的知見を得るためにこれらを連結させ続けよ。

私が強調しておきたいことは，皆さんが何かをする際にマニュアルやモデルがあると，それを他の人たちにも伝えることができるということです。科学者は皆こういうことができると思いますし，混合研究法は研究に付加価値を与え，モデルの統合にも役立つと考えます。

(16) 包摂的科学における多重論理の重要性

この原則は，どのように推論（reasoning）を使うかについてです。

> 原則16：研究の状況を共有し研究で得られた発見や判断を担保するために，創造的でかつフォーマルな推論プロセスを詳説せよ。

フォーマルな推論プロセスには，演繹法，帰納法，発想法，弁証法，ファジー，解釈学，批判的論理がありますが，これらはどれも重要です。ですから，研究をしているときには，いろいろないくつもの推論プロセスを試してみてほしいということです。矛盾が生じた場合には，昨日のパネル・ディスカッションでもそんな質問が出ましたが，たとえば発想法を使っている場合でしたら，演繹や帰納でない第三の方法でどのように説明するのかを考えなければなりません。重要なことは，混合研究法は，新たな知を生み出すために，いくつもの推論プロセスを拠り所にしていることです。先ほど紹介した私たちの研究では，少なからず演繹的帰納的論理を使いながら，主に発想法，弁証法，ファジー，解釈学，そして批判的論理を用いました（Johnson et al., 2010）。

(17) 包摂的科学における透明性

> 原則17：研究活動とその発見を十分に開示することで，専門的，社会的，かつ，ローカルの視点から再調査を可能にせよ。

科学である以上，透明性の担保が重要です。

(18) 包摂的科学における科学的な省察と成熟

> 原則18：自己反省と批判，そして社会的／行動的／人間科学的な営みのたゆまぬ進展，そのどちらも継続的に奨励せよ。

混合研究法は，変わり続ける世界の中で学び続ける営みであり，科学のたゆまぬ向上に資するものであると考えています。

VI おわりに

ここまで包摂的科学の18原則についてお話しましたが，世界の変化というものを明らかにするためには，介入研究が重要になってきます。もしかすると介入的な研究と非介入的な研究と強調する19番目の原則が必要になってくるかもしれません。他にも19番目の原則になるものがあるかもしれません。皆さんから何かアイデアや質問があれば，ぜひお聞きしたいのですがいかがでしょうか？

質疑応答

質問者：お話のはじめの方で合理性という言葉を使ってらっしゃるのですけれども，これは価値

観を含むのではないでしょうか，つまり合理的ではない価値判断も合理的であるといえる可能性があると思います。無知のヴェールに覆われた状態という話でしたが，構成主義者やポスト実証主義者が合理的判断をする場合はいかがでしょう？ 目隠しをされた状態で，どのように合理性を判断するのでしょうか。

ジョンソン：科学の共通基盤として合理的な人の集まりであることが挙げられますが，そこに到達するためには無知のヴェールに覆われねばならないわけです。実際には，合理的でない人たちや自分のパラダイムばかり主張する人たちとパラダイムが対立してしまう場合はあるわけですね，それをどうするかという質問ですね。この問題に対する私の答えは，チームを作って何かを一緒に作り出すことです[7]。そういったコンフリクトが生じた場合に，どうしたらいいのかを考えなくてはいけないわけですけれども，いくつかの仕掛けが必要です。まず，チームの構成員どうしの力が同じであること，励まし合えること，風通しが良いこと，そして，民主主義的であること，これらを担保することが必要です。最悪の場合は，もう何も合意することができないような状況ですね。そういった場合であっても，どんな些細なことでも合意できることを見つける。小さいところから始めて，さらに合意できるところを見つけていく。細分化（fractionalization）の戦略をとるわけです。もう1つ，高い目標を設定する（super ordinal goal）戦略もあります。たとえば，患者さんの対応をしているときに，とにかく治ってほしいと伝えて，すぐには達成できそうにない高いところに目標を設定して，そこに到達するために一緒に活動する。他にもありますが，時間になりましたのでここで終えたいと思います。皆様，あり

がとうございました。

引用文献

Ball, L.S.（2013）Accelerated baccalaureate nursing students use of emotional intelligence in nursing as "caring for a human being": a mixed methods grounded theory study. *International journal of nursing education scholarship, 10.*

Buck, G., Cook, K., Quigley, C., Eastwood, J., & Lucas, Y.（2009）Profiles of Urban, Low SES, African American Girls' Attitudes Toward Science: A Sequential Explanatory Mixed Methods Study. *Journal of Mixed Methods Research, 3*（4）, 386-410. doi:10. 1177/1558689809341797

Chilisa, B., & Tsheko, G.N.（2014）Mixed Methods in Indigenous Research: Building Relationships for Sustainable Intervention Outcomes. *Journal of Mixed Methods Research, 8*（3）, 222-233. doi:10. 1177/1558689814527878

Garner, J.T.（2013）Different Ways to Disagree: A Study of Organizational Dissent to Explore Connections Between Mixed Methods Research and Engaged Scholarship. *Journal of Mixed Methods Research, 9*（2）, 178-195. doi:10. 1177/1558689813515333

Johnson, R.B., McGowan, M.W., & Turner, L.A.（2010）Grounded Theory in Practice: Is It Inherently a Mixed Method? *Research in the Schools, 17*（2）, 65-78.

Koekkoek, B., Hutschemaekers, G., van Meijel, B., & Schene, A.（2011）How do patients come to be seen as 'difficult'?: A mixed-methods study in community mental health care. *Social Science & Medicine, 72*（4）, 504-512. doi:10. 1016/j. socscimed. 2010. 11. 036

Morgan, D.G., & Stewart, N.J.（2002）Theory building through mixed-method evaluation of a dementia special care unit. *Research in Nursing and Health, 25*（6）, 479-488. doi:10. 1002/nur. 10059

Sharfman, M.P., Shaft, T.M., & Anex Jr, R.P.（2009）The road to cooperative supply-chain environmental management: Trust and uncertainty among pro-active firms. *Business Strategy and the Environment, 18*（1）, 1-13. doi:10. 1002/bse. 580

Woolley, C.M.（2009）Meeting the mixed methods challenge of integration in a sociological study of structure and agency. *Journal of Mixed Methods Research, 3*（1）, 7-25.

Wren, K.（2003）Refugee dispersal in Denmark: From macro-to micro-scale analysis. *International Journal of Population Geography, 9*（1）, 57-75. doi:10. 1002/ijpg. 273

Zea, M.C., Aguilar-Pardo, M., Betancourt, F., Reisen, C.A., & Gonzales, F.（2014）Mixed Methods Research With Internally Displaced Colombian Gay and Bisexual Men and Transwomen. *Journal of Mixed Methods Research, 8*（3）, 212-221. doi:10. 1177/1558689814527941

---

[7] 詳細は Johnson, R.B., Onwuegbuzie, A.J., Tucker, S. and Icenogle, M.L.（2014）Conducting Mixed Methods Research: Using Dialectical Pluralism and Social Psychological Strategies. In: *The Oxford Handbook of Qualitative Research*, Edited by Patricia Leavy. に書かれている。

第10章 基調講演 5

混合研究法的思考と行動の様式
実践における多様な視点の統合

P・ベイズリー＊（報告者：抱井尚子＊＊）

＊ニューサウスウェールズ大学 ＊＊青山学院大学国際政治経済学部

I はじめに──総体的に観察し，思考する

私のほうからは，混合研究法的思考と行動の様式，実践における多様な視点，そして統合ということでお話をさせていただきます。

私たちが研究対象とする，いかなる現象あるいは事物も，身体的，感情的，認知的であるかどうかを問わず，本来，質と量の両面を持ち合せています。その外見や雰囲気，そしてそれらに対する我々の反応というのは，観察や記述することができますし，その特徴を列記し，質的特性を測定することができます。これは私たちが自然に行っていることです。たとえば，家を買おうとして，よい物件を探しているのであれば，家を見て歩きます。その外見や雰囲気，所在地，つまり社会的，物理的な環境，その他，いろいろな場所からの距離，そして住宅の状態，部屋のサイズや天井の高さ，価格などに注意するでしょう。

私たちは心的なものを含めて，さまざまな現象を数値やテキストで表現することができます。数値を使おうがテキストを使おうが，その現象は変わらないわけですけれども，それについて私たちがどう思うか，それを他者にどう提示するかというやり方は変わることがあります。私たちの考え方，アプローチの仕方によって，私たちは本来統合されているものを分けたり分類したりするからです。自然のものを分割する主な方法は，質と量との分離ですけれども，そうすると全体像を見失ってしまうということがよくあります。混合研究法的な思考や行動は，質と量とを分けずに，より相対的なホリスティックな視点を維持しよう，あるいは取り戻そうという試みです。ホリスティックな視点の維持は現実の世界では自然に行われていることなのですが，今学問の進展によりまして，研究者によって意識的に内省的に，そして効果的に行われるようになってきています。

歴史的に見ても，科学者は自然を観察し，記述したり計測したりしてきました。人類学者や社会学者は，常に複数の方法を用いて，人や地域を研究してきました。私は1970年代に心の健康に関するニーズと，恵まれない地域社会の資源を調査しました。これは博士論文だったのですが，シカゴ学派のアプローチをモデルにして，広範なエスノグラフィー観察と，当該コミュニティの成員とのやり取り，社会的指標統計，キーインフォーマントとのインタビュー，スケール回答式の質問と，選択式質問そして自由回答式質問から構成される質問紙を組み合わせて使用しました。その後，数十年にわたって私は自分の評価研究に，ずっとこれらの方法を組み合わせて使い，その時々に入手可能であり，研究設問（research question）に答えるのに適したデータソースと分析法を活用してきました。それらの手法を，個別に，あるいは組み合わせて使用しました。

プログラム評価の分野で研究していた他の人々，そして，実践的な現場で医療や教育にフォーカス

を置いていた研究者も，日常的にさまざまな研究手法を使っていました。その理由については，以下のジェニファー・グリーンを引用します。

> 彼らの活動の文脈では普遍性と特殊性が要求されたからです。またバリエーションと差異に関する洞察と同時に繰り返される規則性の妥当なパタンが要求され，そして実体験についての重大さと奥行きを伝え，文脈的物語を描き出す結果が求められ，そして冷静な中立性とともに，平等や正義といった民主的理想に対しての積極的なアドボカシーが求められたからです。（Greene, 2008, p.7）

そして，80年代にはパラダイムが「発見」され，私たちはそれを経験しました。80年代，90年代は，パラダイムを推奨する十字軍の圧力によって，私たちの一部がそれまで何年もの間うまくやってきたことができなくなってしまいました。しかし，人々がこの論争に飽き飽きし，異なる研究法を混合する合理的根拠としてプラグマティズムが多方面で受け入れられるようになると，停戦が呼びかけられ，混合研究法が改めて社会調査の分野で正当な研究アプローチとして受け入れられるようになりました。その結果，さまざまな書籍が出版され，学術誌も誕生しました。

混合の方法についての体系化は進み，1つの方法論的アプローチとして市民権を得ることとなりました。しかしその後，それゆえにこそ発生した圧力が，別の形で混合の方法に関する制約を課すことになりました。研究において複数のデータソースを使用し混合する「正しい」方法を規定する上で，混合研究法についての制約的な定義やデザインの類型が，見えやすい形でも，また見えにくい形でも影響を与えました。そうした制約的な定義の1つに，たとえば混合型研究では，量的研究と質的研究の両方が同一研究プログラムで使われなければならないと強調するものがあります。その一方で，ロバート・イン（Robert Yin）による以下のような主張もあります。

> 混合研究法は，伝統的な質的研究と量的研究の間の二分法をはるかに超えたものを包含する。この二項対立的な見方は，さまざまな混合，あるいは組み合わせがあり得るという現実を覆い隠してしまう。たとえば教育分野では，双方ともに量的研究である実験と質問紙調査の組み合わせで，片方だけよりもうまく内的，外的妥当性をともに担保することができるものがある。（Yin, 2006, p.41）

同様に，複数の質的研究法を使用した研究にも，混合という定義を満たす例もあります。まさに，ノーマン・デンジン（Norman Denzin）が1970年代に最初に複数の方法，理論，データおよび研究者のトライアンギュレーションについて書きましたが（Denzin, 1970, 1978），それは質的研究の文脈においてであって，今日私たちが理解しているような混合研究法に関しての主張ではありませんでした。

マックス・バーグマン（Max Bergman）は，「質的研究」も「量的研究」も，結局は議論のための概念に過ぎず，明確な方法的，方法論的実質を伴っていないと強く主張しています（Bergman, 2008, p.19）。実際，量的と質的アプローチの境界線は曖昧です。たとえば，不動産業者の質問紙調査で，今見た家について，どの程度気に入ったかを聞かれ，かなり気に入ったという答えをしたとしましょう。すると，不動産業者は3件法を用いて，「3」と記録するかもしれません。これは後に統計として使うためです。しかし，「かなり」という答えは質的だったのでしょうか，それとも量的だったのでしょうか？　回答者の「かなり」は，質問紙を設計した不動産業者が考えていたものと似ていたのでしょうか？　回答者は「かなり」という尺度以上に，「非常に気に入った」という尺度ももっていたかもしれません。あるいは，もしかしたら，その日別の住宅も複数見ていて，それがかなりひどかった，だからこの住宅はそれと比較すれば良いというふうに見えたのでしょうか。別の文脈であったら，「かなり」という評価は出てこなかったかもしれないのです。つまり，質問紙調査とは質問への答えを記録して，それを数値化し，統計的分析をするものではありますが，本当に量的研究

の手段なのかということが問題になります。

これまで，量的，質的アプローチをいろいろな方法で区別しようと試みられて来ましたが，成功はしていません。量的手法が特別な質的方法とは違うのだと考えたとしても，質的研究が量的研究と似ている場合もあるのです。バーグマンを再び引用します。

> 質的研究も量的研究も，この便利な呼称のもとに，多くの，かつさまざまな種類の研究を含む。この2つのグループに分類されるものは，それぞれのグループの中でもきわめて多種多様であり，1つのグループに属する方法の特徴をすべて網羅するようなユニークな特徴を，もう1つのグループに属する方法の特徴と明らかに異なるものとして特定することは難しい。殆どの特徴は，1つのグループの中のサブグループに属する研究の特徴に過ぎないか，あるいは，もう1つのグループに属する研究方法にも同じ特徴をもつものがあるものだ。（Bergman, 2008, p.14）

質も数えることができますし，量的なものも記述することが可能です。たとえば，量的研究手法は典型的には，演繹的，仮説検証型の研究で，質的研究は帰納的，探索的研究に使われるといわれますが，質的方法は演繹的理論検証にも使えますし，量的調査もしばしば探索的，帰納的でもあります。質的アプローチも量的アプローチも，多面的連続体の上に乗った柱だというほうが適切かもしれません。どの研究も，その連続体上の複数の特徴的側面のどこかに位置づけることができる，あるいはバーグマンの言葉を再び借りるならば，不均一で重なり合う部分のある，同族研究なのです。これらの用語は特定のアプローチをピンポイント的にこれだと示すものではありませんが，それでも研究方法の大きな意味での方向性を示す限りにおいて価値をもちます。

量的研究と質的研究方法に境界線を引くことができないのであれば，混合型研究において統合される複数のデータソースや方法，あるいはアプローチには質的調査および量的調査としてはっきりと定義できる方法が含まれなければならないと主張することには意味がないということです。あるいは，研究方法について，このような考え方をすること自体に意味がないということです。イン（Yin, 2006, p.68）を再び引用すると，「ひとたび量と質の二分法，二項対立から自由になったならば，広範でさまざまな『混合』が意味をもち，現実化する」のです。

II 実践における多様な視点，そして統合

（1）複数の視点から見る

どのような研究であれ，複数の視点から見ることが可能です。混合研究法的思考と行動とは，テーマがなんであれ，複雑なものであることを認識し，意図的にさまざまな視点をもって関与することです。そうすることで既存の考え方に挑戦し，新しい理解を引き出すことにつながります。究極的には，より広く深く，包括的で相対的な理解につながっていくのです。

私はグリーン（Greene, 2007）が混合研究法的思考という言葉を教えてくれたことに感謝しています。彼女は混合研究法的思考について，次のように定義しています。「混合研究法的思考とは社会的探求，調査に関する一つの立ち位置であり，この立ち位置は複数の物の見方，聞き方，社会的世界についての理解，そして何が重要で，何が価値あるとされ大切にされているのかに関する複数の視点について，積極的に対話に参加することを求めるものです。混合研究法的思考の基盤になっているのは，社会的探究には複数の正当なアプローチがあり，どのアプローチであっても必然的に部分的なものであることは避けられません。混合研究法的思考は我々を多様性に積極的に関与させ，よりよい理解と発言の平等を推進することにつながるのです」（Greene, 2008, p.20）。本日，私が紹介している視点はグリーンのそれをさらに焦点化したものです。

混合研究法的思考と行動を実践する研究者は，さまざまなデータについて，数値かテクストか，映像かという捉え方をするのではなく，むしろ，それらが自分が関心をもっている問題について提供

する情報の質に注目するのです。その上で，最善の活用方法を決定します。つまり，量的データを考慮するのか，質的データを考慮するのか，あるいはその双方を使うのかを決めるわけです。それは自分の研究目的や研究設問，またデータに内在しない状況的な要因，たとえば，調査にかけられる時間，あるいはリソース，それから，自分の個人的な好み，あるいはスキルによって決めるということになります。

　皆さんには，何かを調査しようというときには，選択肢を狭めさせるプレッシャーを拒否し，従来の枠に捉われるような方法を拒否してほしいと思います。自然に使いたいと思う方法を用いましょう。自分の五感や見方にしたがって，混合研究法的思考によって混合研究法的行動を導き出してほしいと思います。では，これは実際に研究を行うという現場では，どういうことをせよということになるのでしょうか。まず，量と質の二分法から自由になった研究者は，複数の視点から研究対象に関与するでしょう。混合研究法的に思考し，行動するのであれば，次のような行動をとると思います。まず，多様な視点をもって関与する，自分の研究の目的と研究設問に焦点を当てる，そのときの状況が要求することと，与える機会を考慮して，研究のデザインを決める。入手可能なデータについては，その形態よりも，研究への関係性によって判断する，使用した研究手法を分析的に統合する，研究の結論と結果の記述を統合する，コンピューター技術をうまく活用する，というものです。

　混合研究法的思考と行動とは，自分の研究の目的と設問に焦点を合わせるということです。研究目的が，研究設問の文脈になります。目的は，知的好奇心を満たすことであったり，専門職としての必要性であったり，実務的，社会的あるいは正義感からの個人的な関心であってもよいでしょう (Maxwell, 2013; Mertens, 2013)。研究設問は目的から生まれ，その目的に含まれた疑問に答えようとするものです。たとえば，私のタスクが，大学の研究プロフィールを高めるためのプログラムを実施することであるとしたら，「優れた生産性の高い研究者への道は何か」というような研究設問を立てるかもしれません。どうしたら，それを促進できるか，というようなことを考えるかもしれません。その目的は，戦術的なもので，学術的な分野に注目することになります。この研究は，大学も，大学への資金提供者，教職員，学生そして私自身にとっても興味深い研究になるでしょう。

　量的，質的，そして混合型研究の設問を個別に引き出そうとすると，必然的に分断された思考という罠に陥ってしまいます。うまく統合できない研究方法を選んでしまうでしょう。混合研究法的思考をとる研究者はどのような設問であれ，いろいろな研究方法が使えないかと考えます。研究設問以外の要素が，特定の研究方法の選択に影響することもあります。どの方法がうまくいきそうかを考えるにあたって，まず設問を分析します。設問のなかに含まれているすべての要素，概念や分類を特定し，それらの要素の間に何か関係があるかどうかを考えます。こうしたことをマッピングするとよいでしょう。進むべき方向と介入や決定，変更地点を暫定的に示してくれます。これにより，自分の仮説を明らかにすると同時に，研究の焦点をより明瞭にし，検証すべき概念やその関係性について明確化することにつながります。

　フォローアップ調査でもすべての側面をカバーすることはできませんから，どの側面を取り上げるのかを選ばなくてはなりませんが，その際にも，元々設定した研究目的に立ち返ります。入手可能なソースとリソースを考慮します。設問はしばしば細分化して考える必要が出てきます。このプロセスでは概念マップや理論マップからスタートし，当該テーマについての理解を深めるということから焦点がずれないよう注意しなくてはなりません。どの方法論的アプローチを使うかということに注意がそがれてはならないのです。

（2）研究をデザインする

　混合研究法的思考と行動とは，置かれた状況が要求することと，提供する機会とを考慮して研究

のデザインを行うことです。

　研究のデザイン方略は研究によってどのような主張をするかによって決まりますが，横断的，縦断的，あるいは実験的などといった実際に選ばれるデザインは，具体的なデータ収集や分析の方法とは関係ありません（Gorard, 2013）。研究者の生産性に学部環境が及ぼす影響を調査する縦断的研究では，質的ライフヒストリー・データを使用することもできますし，量的パネルデータに基づく修正コックス回帰分析を使って，イベントヒストリー分析を用いることもできます（Elliot, 2002, 2011）。いずれの場合も，結果として出てきた変化のメカニズムらしきものを示すことにはなるかもしれませんが，どちらもその証明はできません。実験的に1つの介入の効果を検証することは伝統的な量的測定によって可能ではありますが，実験は質的（Robinson & Mendelson, 2012）あるいは混合型データソース（Plano Clark et al., 2013）を使って行うこともできるでしょう。デザインに関する最大の問題は，得られた知識を十分に正当化するものであるかどうかという点です。

　標本と標本サイズもまた，研究方法によって決める必要はありません。質的調査は常に集中的で，研究対象者との密接なやり取りをもって行われるのか，量的調査は常に広範なもので，より一般的な答えしかもたらさないものなのでしょうか。質的データを大きなサンプルから集めることもできます。たとえば，これまで私が聞いた中で最大のサンプルサイズをもつ質的調査は，インターネットで1億8000万人のつぶやき（ツィート）を人の手によりコード化した英国のウィリアムズとバーンナプ（Williams & Burnap, 2015）による犯罪行動に関する研究例です。量的調査法では小さな標本を集中的に調査することも可能です。たとえば15人のサンプル規模で，どちらの調査法を使っても主張できることは限られてしまいますが，混合研究法的思考と行動では，あらゆるオプションを探求します。混合研究法的思考と行動できわめて重要なことは，使用されたさまざまなデータソースや研究方法によって，共通の事例群が，あるいは，少なくとも同等の事例群が検証されているということです。研究設問を忘れない，すべての研究手法において，使用する同一の，もしくは複数の事例に焦点化し続けるということです。

　結局のところ，データの選択は，おそらく，あなたの差し迫った状況と異なる方法が提供し得る情報の種類によるでしょう。どれくらいの時間があるのか，どの程度の予算やその他のリソースがあるのか，どのようなデータソースが利用可能なのか，どのような分析スキルがあるのか，また利用し得るのか，といったことです。混合研究法的思考を駆使するのであれば，あらゆるかたちのデータが考慮されます。数値か，テキストかという理由だけでデータが選ばれたり，除外されることはないのです。

（3）利用可能なデータを判断する

　混合研究法的思考と行動は，形態ではなく，関連性で利用可能なデータを判断することを意味します。

　研究者は，利用可能なデータを創造的に探す，または，新しいデータを作り出す機会を得ます。どのようなデータであれ，関連する問いは，「このデータソースは研究設問に答える上で有益な情報を提供するのか」であり，「自分には量的データソースと質的データソースはあるのか」という問いではありません。

　あまりにもしばしば，研究者が他の選択肢をまったく考えずに，インタビュー調査と，閉鎖型の質問と開放型の質問からなる質問紙調査という伝統的な組み合わせを用いてしまうというようなことが起こります。あなたには，何か新しく，異なることをする自由がありますから，それを活用するべきです。また，これもしばしば見られることですが，研究者は，どのようなデータソースがすでに利用可能であるのかを調べもせずに，研究設問に答えるために新しいデータソースをデザインし，収集する必要があると思い込むことがあります。インタビュー調査法や質問紙法は長年にわたって信頼されてきたデータ収集方法ですから，そ

れを無視しなさいといっているのではありません。しかし，次のような可能性も考えてほしいと思います。

　文書データとしては，年報，報告書，雑誌，パンフレットなどが組織研究を実施する上で使用できます。個人の場合は，納税記録，写真，手紙，日記といったようなものが使えます。二次的データ，つまり官公庁やあなたの大学の研究センターによってすでに収集されたアーカイブデータといったものも文書データです。とくに，政府，省庁，そして商業的な組織と連携する研究の場合は，臨床記録を含む管理データを使用することができます。ソーシャルメディア，その他のウェブベースのデータも使用できますし，既存の文献をメタ分析や方法論の探究のために批判的に用いることもできます。また，画像データ，とくに写真，絵，コンセプトマップなどは，特別に作られたものもしくは既存のものを利用することができます。さらに，ロケーションのような，質的データまたは量的データ間のリンキング変数として使用可能な地理的データや，その他のデータに地理的コンテクストを与えるものも使えます。ソーシャルネットワークデータ，ビジュアルマップと中心性指標，密度なども使えるでしょう。そして，もちろんさまざまな形態の観察データも利用可能です。

　質問紙調査のデータを含めて，これらのデータソースの多くが，質と量の間にあり，両方の視点を含んでいます。それぞれ，ある程度，他のデータソースと組み合わせることができると思います。混合研究法的思考と行動を実践する研究者は，問いへの答えを見つける上での有用性や研究目的との整合性によって，それぞれの潜在的データソースを判断します。そして，問いに対する答えをデータから引き出す上で適切で有用なものであれば，どのような分析方法でもその使用を試みます。

（4）使用する方法の分析的統合

　混合研究法的思考と行動は，用いられる方法を分析的に統合することを意味します。

　どのようなデータソースでも，複数の視点で捉えます。数値データは統計としてだけではなく，ストーリーを語るものとしても見ることができます。テクストはナラティブとしてだけではなく，変数データを提供するものとして見ることができます。テクストと数値を合わせると，研究対象の現象に関する，より完全な理解が可能となります。家を買おうとする者が見た家を適切に評価するには，量的・質的データの両方が必要でした。研究者の調査においても，2つを合わせることは有用です。

　統合のスタート地点として，混合研究法的思考と行動を実践する人は，異なるデータソースが，同じ事象に焦点を当てる補完的もしくは類似的データとなるように意識的に努めるでしょう。もし，すべてのデータが同じ一連の事例から引き出されるのであれば，それは分析的統合において非常に助かるのですが，もしそれが可能でなければ，データセットの意味ある統合が可能となるように，異なるデータ間に十分な接点が存在することが必要となります（Yin, 2006）。

　さらに，収集されたデータのタイプによって，異なる分析方略が望ましいと思われることがありますが，さまざまなデータソースが同じ調査の一部とみなされるようなパラレルコンセプトを含む必要があります。データのそれぞれのタイプは，独特な要素を与えてくれると思いますが，データソースにまったく共通性がなければ，それは2つ以上の独立した研究になり，混合研究法的思考と行動を失います。

　共有される事例とコンセプトは，混合研究法的思考と行動を可能にするデザインコンセプトです。まだデータの計画中であれば，混合研究法を用いる研究者にとってデザインの段階というのは，後に採用するかもしれない分析のための統合的な方略を考え，混合研究法的思考と行動を分析プロセスに応用できるように確実にデータをまとめる方法を考えるための重要な時間です。しばしば見られるのは，それぞれのデータソースに対する分析を別々に行い，統合はプロジェクトの結論においてのみなされるというものです。

　データと分析の統合（ひいてはその執筆）は，混

合研究法的思考と行動の要です。統合とは，異なるデータと分析方法を相互依存したものとみなすことであり，互いに情報を与え合う関係の中で研究全体から結果を産み出すために異なるデータが相互依存するものであると捉えることを意味します。

統合を実践する際には，さまざまな方法があります。他の形態のデータから学んだことを深め，拡張するために，ある形態のデータを使います。また，異なるデータの要素を用いて，経験のより包括的な全体像やプロセスの理解を構築します。さらに，異なるデータから得られた情報を比較対照することで，トピックの理解に対する洞察を得ます。

たとえば，表などを用いて統合したデータを表示することは，このプロセスにおいて大いに役立つと思われます。さらに，人口データや数値データをもとに作られた群を，テクストやその他の反応を比較するための基準として用います。数値データと統計分析の結果を，個人や集団のプロフィールの執筆や，ナラティブ記述のためのベースとして用いることもできます。例として，クラスター分析やイベントヒストリー分析の使用が挙げられます。統計分析で明らかになったパタンを示すために事例を加える，このようなものがガイドラインになると思います。さらに，テクストデータの質的コーディングを，統計分析が可能な変数データに変換することもできます。これらの分析はもとのテクストを参照することで，より完全な解釈を可能にするでしょう。

データを探求し解釈する過程で，アイデアや情報を1つのデータソースから他方に移しながら，データソースと分析の間を行きつ戻りつしながら検討します。また，異なるデータソースが矛盾するような情報を与えると思われる箇所については，対立点を明らかにし，逸脱した事例を検索し，矛盾の原因を探り，方法論的，または実質的なものも含めて，そこから学ぶものはないかを考えます。

これらのタイプの分析の多くにおいて，数値データは，傾向やパタンを明らかにしますが，質的データは，これらの傾向やパタンに「命」を与えます。また，予期しなかった結果を説明するのに役立ちます。たとえば，医薬品の治験に携わる人たちが，その医薬品のプロトコルを守らないのはなぜか，あるいは，高齢者が明らかに満足できないような生活状況でも，満足していると報告するのはなぜかといったようなパタンを説明することです。また，その他の分析においても，2つの方法を使用することで，現象のより深い理解をもたらすことや，データから導き出される推論の信用可能性を高めることを確実にします。

（5）結果と結論の統合的執筆

混合研究法的思考と行動とは，結果と結論を統合的に執筆するということを意味します。

混合研究法的思考と分析実践が統合された結果，思考と執筆の統合がなされます。あなたの研究を執筆するための青写真は，データを得るために用いられた方法や，そこで代表された声ではなく，あなたのトピックを構成する要素や問題のほうなのです。執筆の焦点をデータ収集方法や異なる声に当ててしまうと，足踏み状態になるだけで，分析や執筆は進みません。トピックの要素に焦点を当てることで，異なる方法を統合して執筆することは，データに関するさらなる疑問を促して，分析や，より深い思考が発展します。異なる証拠が組み合わされて，統合されたポイントを作りますから，強調点，つまりそのポイントがずれるということはありません。

つまり，たとえば質問紙調査の結果の節や章とは別に，記述式回答やインタビューから引き出されたテーマの節や章を書くことはないということなのです。これはまた，結果を書く段階で，質問紙のデザインに用いた，最初のフォーカス・グループのデータを無視することはないという意味でもあります。あるいは，教師が言ったことを書き，それとは別に，子どもたちが報告したことを書くということはありません。そのようなことをすれば，混合研究法的思考と行動の分析や執筆にはならないのです。人々があなたの報告を読むのは，ト

ピックを見つけるためであり，方法についての関心は，主にその結論を裏づける妥当な証拠があるかどうかを知るためです。

統合的執筆は，あなたの結論の背後にある，証拠に至る足跡を失うことなく達成することができます。それぞれの方法とそれぞれが生み出したデータの概要は，報告の方法論と方法の節に記述されます。ここで必要なものは，結果の節で述べられる言明の根拠がどこにあるかを示す，効率的な注記システムのみとなります。というのは，結果の節ではそれが明白に示されないからです。

（6）混合研究法とコンピューター技術

混合研究法的思考と行動は，コンピューター技術の恩恵を受けることができます。

コンピューターソフトの力（望ましくは，専門家向け統計ソフト）を借りずに統計分析をしようと考える研究者はほとんどいないでしょう。ソフトウェアがあれば，数値データの，より完全で，詳細で，複雑な分析が可能になります。私が研究の道に入ったころの統計計算式と，加算器しかなかった時代には，到底不可能でした。近年より多くの研究者が質的データ分析用のQDA（qualitative data analysis）ソフトの利点に気づくようになりました。それはコーディング，リンキング，内省的メモ書き，問いかけ，および可視化を通してデータの管理や分析を助けます。

コンピューター技術もまた，混合研究法を用いる研究者に恩恵を与えます。それは主に，混合研究法に対応した機能をもったQDAプログラムによってです。もっともエクセルのような一般的なスプレッドシートでも，かなりの成果を上げることはできます。ソフトウェアがあれば，1つのプロジェクトの中で複数のデータソースとタイプを管理できますし，かつ，各個別の事例のためのマルチソースデータを管理でき，データソースの組み合わせ，比較，対照が容易になります。さらに，人口データとスケール変数データをインポートして，テキストデータの比較分析のベースとして用い，事例ベースの変数データとして，質的コーディングをエクスポートして他の統計データと合体させ，さらに分析を深めることもできるようなQDAプログラムが必要になってくるかもしれません。そのようなプログラムを，統計，ビジュアルソフトと組み合わせて用いれば，技術的なサポートがなければ考えられないような共同分析の可能性の範囲が広がるでしょう。

III おわりに

混合研究法的思考とは，おそらく，研究の対象となる現象の量と質の両方をうまく活用することでしょうが，必ずしもそれだけではありません。それは，データの性質や分析方法にかかわらず，収集したデータから得られる異なる視点を統合する，ということです。これは，研究方法の記述と，そしてとくに結果の執筆に明白に示されるでしょう。結局，重要な問題は，あなたが単一の方法，複数の方法，または，混合研究法を使うかどうかではなく，あなたの方法が，研究の目的に合っているかどうかということです。大切なのは，適切な使用，質の高い応用，明晰な思考，そして何が行われたのか，行われつつあるのかということについての透明性です。

ご清聴ありがとうございました。

引用文献

Bergman, M.M.（2008）The straw men of the qualitative-quantitative divide and their influence on mixed methods research. In: M. M. Bergman (Ed.), *Advances in mixed methods research*, pp.11-21. London: Sage.

Denzin, N.K.（1970）*The research act*. Chicago: Aldine.

Denzin, N.K.（1978）*The research act: a theoretical introduction to sociological methods* (2nd ed.). New York: McGraw-Hill.

Elliott, J.（2002）The value of event history techniques for understanding social processes: modelling women's employment behaviour after motherhood. *International Journal of Social Research Methodology*, 5 (2), 107-132.

Elliott, J.（2011）Exploring the narrative potential of cohort data and event history analysis. In: J. Mason & A. Dale (Eds.), *Understanding social research*, pp.210-224. London: Sage.

Gorard, S.（2013）*Research design*. London: Sage.

Greene, J.C.（2007）*Mixed methods in social inquiry*. San Francisco, CA: Jossey-Bass (Wiley).

Greene, J.C.（2008）Is mixed methods social inquiry a distinctive methodology? *Journal of Mixed Methods Research*, 2 (1), 7-22.

Jones, A. & Bugge, C.（2006）Improving understanding and rigour through triangulation: an exemplar based on patient participation in interaction. *Journal of Advanced Nursing*, 55 (5), 612-621.

Maxwell, J.A.（2013）*Qualitative research design* (3rd ed.). Thousand Oaks, CA: Sage.

Mertens, D.M.（2013）Emerging advances in mixed methods: addressing social justice. *Journal of Mixed Methods Research*, 7 (3), 215-218.

Plano Clark, V.L., Schumacher, K., West, C., Edrington, J., Dunn, L.B., Harzstark, A., Melisko, M., Rabow, M.W., Swift, P.S. & Miaskowski, C.（2013）Practices for embedding an interpretive qualitative approach within a randomized clinical trial. *Journal of Mixed Methods Research*, 7 (3), 219-242.

Robinson, S. & Mendelson, A.L.（2012）A qualitative experiment: research on mediated meaning construction using a hybrid approach. *Journal of Mixed Methods Research*, 6 (4), 332-347.

Williams, M.L. & Burnap, P.（2015）*Crime sensing with social media. Methods News: Newsletter from the National Centre for Research Methods*. Southampton, UK: NCRM. http://www.ncrm.ac.uk/news/show.php?article=5446, Accessed 24th August, 2015.

Yin, R.K.（2006）Mixed methods research: Are the methods genuinely integrated or merely parallel? *Research in the Schools*, 13 (1), 41-47.

社会科学から健康科学へ混合研究法が拡張するにつれて

J・W・クレスウェル＊（報告者：八田太一＊＊）

＊ミシガン大学　＊＊京都大学 iPS 細胞研究所

要　旨

　1980年代後半より混合研究法の執筆を続ける中で，私は，混合研究法が世界中に広がり，そしていくつもの学問分野に広がっていく過程を目にしてきた。社会科学分野で発展した混合研究法が健康科学分野に適応していくには，健康関連アウトカムや医療現場への還元を見据えて再構築する必要がある。本稿では，混合研究法を健康科学に適応させる上で重要となる7つのポイント（研究手法，研究目的の書き方，混合研究法による付加価値，研究者のもつスキル，研究プロジェクトの進め方，投稿戦略，チームアプローチ）について述べる。

（本文中の下線は報告者による）

I　はじめに

　皆さん，こんにちは。今日はこの場でお話ができることをとても嬉しく思っております。私が若かった頃，今は少し年を取りましたけれども，日本で5カ月ほど暮らしたことがあります。そのときの富士山麓での生活では，日本の景色や人々の素晴らしさを肌身で感じ，それ以来，私はこの国が大好きになりました。

　さて，発表の前に混合研究法のコミュニティについて少しだけお話させてください。元々は30人ぐらいの集まりでしたが，2013年Mixed Methods International Research Association（MMIRA, 国際混合研究法学会）を立ち上げ，今や500人以上の会員が世界中におり，国際的な組織に成長しました。そして，本学会は非常に学際的な組織でもあり，心理学，経営学，教育学，政治学など人文社会系分野，医学，看護学，家庭医療，疫学など健康科学分野，いろいろな分野の人たちが参加しています。このコミュニティの雑誌として Journal of Mixed Methods Research（JMMR）が2007年に創刊されました。2016年には混合研究法に関連する12トピックスについてインターナショナル・ウェビナー（International Webinar）[1]をスタートさせる予定です。

　そして今年，MMIRAは4回の地域会議を開催しました。1番目はジャマイカで開催し，125名が参加しました。2番目はフィラデルフィア，ドレクセル大学で開かれ参加者は約100名。3番目はテキサス，サンアトニオで開かれ，参加者は120名ぐらいでした。そして4回目，大阪の大会では300人以上の方々に参加していただいたようです。この会議の企画運営をしてくださいました実行委員の皆さんは実に素晴らしい働きをしてくれました。大会実行委員長の稲葉光行先生，日本混

---

[1] ウェビナー（Webinar）。ウェブ（Web）とセミナー（Seminar）を組み合わせた造語。International Institute for Qualitative Methodology (IIQM) と MMIRA の共催で，毎月 Webinar を開催予定。参加費は無料だが事前登録が必要（2016年3月現在）。
　http://www.iiqm.ualberta.ca/en/WebinarSeries/MixedMethodsWebinarSeries.aspx

合研究法学会理事長の抱井尚子先生，本当に素晴らしいお仕事をされました．本当に嬉しく思っております．アジアでこんなにも混合研究法に関心が寄せられていることを悦ばしく思います．今後，日本の人たちが，このアジアで混合研究法を牽引してくださることを願っております．

II　本講演のねらい

それでは発表に移りたいと思います．私は何年も前から混合研究法に携わってきましたが，1985年から1990年には，実は混合研究法に関わる研究者は世界中で8人しかおりませんでした．その8人は，経営学者，社会学者，教育学者など，社会科学を中心としたフィールドで，いろいろな国で，お互いに連絡を取るわけでもなく，ただ偶然にも混合研究法のことを考えておりました．みんなが同じ考えをもっていたのです．私たちは，当時台頭してきた質的研究は重要な研究方法であると認め，ずっと以前からある量的研究と一緒に行うべきであると考えていました．量と質どちらか1つを用いるよりも，一緒にする方が研究課題（research problems）をより理解できるだろうと考えるようになりました．

しかし，こんなこともありました．たしか1992年に米国教育研究学会（American educational research conference）に参加したときのことだったと思いますが，混合研究法を用いた研究発表をする学生の演題を見つけ，とても期待を膨らませながら会場に行きました．そしたら，そのセッションには何人きたと思います？　2人です．学生と私．私は，「将来，世界中のたくさんの人たちが質と量を一緒に用いるアプローチを使うようになるだろう」と言ったのですが，その学生にしてみれば，私がとても頭のおかしな教授に思えたことでしょう．それが今となっては日本で300人以上集まっています．まさに夢が実現するとはこのことです．

私の学問背景には社会学と教育学があり，これらは私が最初に受けた教育でもありました．実際に研究論文の執筆も社会科学の分野で始めました．

あるとき，こちらにいらっしゃるクラブトリー先生のお誘いがあり，健康科学分野の研究プロジェクトに携わる機会をいただきました．その頃から，研究者があるフィールドから別のフィールドに移るにはどうすればよいのだろうか，私は常日頃考えるようになりました．私は最初に社会科学の教育を受けましたので，私自身の考え方を健康科学に適用させる必要がありました．混合研究法のあり方も，健康科学と社会科学では，おそらく違ってくるだろうと考えております．社会科学の研究方法論は，イギリスからアメリカに渡ってきた人たちがつくり出したものでして，白人の方法論と呼ばれることもあるかもしれません．しかし，私は，社会科学の専門家が健康科学に適応していく必要があると思うわけです．

III　橋渡し役（Translator）であること

昨日，クラブトリー先生とワークショップを開催しましたが[2]，参加者の半分は社会科学，もう半分は健康科学の人たちでした．ですので，今日のお話は皆さんにとってもこれから重要になってくるものと思います．社会科学から健康科学に移るにあたって，私は橋渡し役である必要がありました．私自身，これまでの経歴を振り返りますと，最初に，リーダーシップ理論から始まり，どんどんその実践に進んでいきました．そして，アメリカのいろいろな大学で，質的研究あるいは量的研究の進め方ついて講義をしてきました，どちらの立場もお互いの視点を理解し合う必要があることも説いて回ってきました．今年（2015年）の6月，ドレクセル大学で開催されたMMIRA Regional Conferenceでも講演をしたことですが，<u>混合研究法を語る際，私たちはどのようにして混合研究法を文化に適用させて異文化を理解するのか</u>についてお話しました（Creswell, 2015b）．仮に混合研究法がイギリスやアメリカから始まったとして，たとえば南アフリカ，タイ，中国，あるいは，日本に広がって行くためには，そこに適応する必

2　p.106-113を参照（パネル・ディスカッション1）

要があるのです。つまり，アメリカ人の混合研究法に対する考え方というのはこういうものであり，日本人が使うとこういうふうになるだろうといったように，混合研究法をより包括的に扱っていくことが必要になるだろうと思っています。それは，先ほどの講演で，ジョンソン先生もベイズリー先生も同じことをおっしゃいました[3]。

私は，これまでネブラスカ大学で社会科学領域の研究をしてきましたが，今は分野を変えて，ミシガン大学で健康科学領域の研究を始めました。これからは健康科学の研究者が混合研究法を使いこなして十分に理解できるように，一緒に学んでいきたいと思うわけです。

IV　世界中に混合研究法を伝播する

私がこのような橋渡しをしてきた理由は，先ほどお話したように地域によって考え方が変われば，混合研究法へのアプローチの仕方も変わると思っているからです。

南アフリカを訪れたときの話ですが，混合研究法を説明する際に，南アフリカでのサッカーの中継を例に使いました。たとえば，あるアナウンサーは，一人ひとりの動きを量的に表現したのに対し，別のアナウンサーは選手の個人的な物語を説明しておりました。これが混合研究法的な報道の仕方ですよね。

2004年の台湾の大津波のときに，世界中でどのように報道されたでしょう。亡くなった方々の数，家を失なった人の数が報道されました。これは量的側面ですよね。しかしながら，被災された方々にインタビューをして個人的な物語を報道する，質的側面もあるわけです。こうやって報道でもこの2つを合わせることがあり得るわけです。

健康科学分野でも同じようなことがありますよね。たとえば，健康診断で検査を受けると，医師は検査値を見ながら「ジョンさん，コレステロール値が高いですよ」と言いながら，医師はいろいろなことをお聞きになりますよね。つまり，数と物語というのは私たちの生活のいろいろな場面で統合されているわけです。

V　社会科学から健康科学へ

では，社会科学的な視座をもつ混合研究法から健康科学分野に応用可能な混合研究法へと，私たちはどのように混合研究法を移行させればよいのでしょう？　何を変えればよいか？　いくつかやり方はあると思いますが，たとえば文学，小説の読み方や書き方を思い浮かべてみてください。もちろん，作家は詳細に書き込みますが，そうすると，そこで描かれた世界はどのように立ち現れるでしょうか。ノーベル文学賞を受賞したオルハン・パムク（Orhan Pamuk）がこんなことを言っているわけです。

> 小説家は，小説の「本筋」を組み立て，それを理解するために，普段の生活で私たちが目にしている些細な事柄や出来事を記述するのだ。（Pamuk, 2011, p.45）

他にも，教育学にはスキャッフォールディング（scaffolding）という用語があります。スキャッフォールディングとは，「誰かに何か新しいことを教えようとする場合，その人が何を知っているのかを認識した上で，その人の知識に新しい知識を積み上げること」です。健康科学分野では混合研究法がどのように捉えられているかを知った上で，社会科学の研究者が貢献できることを考えなければなりません。このような社会科学の考え方を活用していくことで[4]，私たちは健康科学の人たちにとって役立つ存在になるのだと思います。

---

[3]　ジョンソン氏の講演については p.76-84，ベイズリー氏の講演については p.85-93 を参照

[4]　講演では近似的同等性（approximate equality）にも言及している。近似的同等性とは，「数値のもつ意味がほぼ同義である場合にその数値は近似的に一致するため，実質的な観点からはその違いに大きな意味はない」とする数学の概念である。

VI　混合研究法デザインの役割

社会科学の考え方で設計された混合研究法に健康科学の考え方をとり入れて，健康科学に合った混合研究法というものを構築していかなければならないわけです。

そうなると，私が混合研究法をどのように考えているのかについて，まずお話をしなければなりません。私の考えでは，混合研究法というのは，量的データと質的データを収集したものであることが第 1 の条件であります[5]。研究設問（research question）や仮説に合わせて，適切な対象や事象を入念に取捨選択した上で，双方のデータ収集がなされていること。そして，どちらも十分に分析されていること。量的データも質的データも頑強な手続き（rigorous procedure）で収集し分析していることが第 1 の条件です。続く第 2 の条件は，バラバラにしておいてはいけないということです。何年もの間，量と質はバラバラな状態が続いてきたのですけれども，それを統合するということです。2 つの手がこうやって握手をする感じです。南アフリカの数学者がおっしゃっていたことですが，1 ＋ 1 ＝ 3。これ，フェターズ先生もよくおっしゃいますね（Fetters & Freshwater, 2015）。すなわち，コンビネーションによって，1 ＋ 1 が 2 ではなく 3 になるということです。それは統合（integration）あるいは混合（mixing）と呼ばれています。この第 2 の条件がまさに混合研究法の真髄です。さらに，第 3 の条件はデザインです。研究においては目的に合った特定のデザインが必要です。量的研究には，実験，調査，一事例研究法[6]，コホート研究などいくつものデザインがあります。

質的研究においても，グラウンデッド・セオリー，現象学，事例研究[7]，物語などさまざまなデザインがあります。混合研究法においても，個別的なデザインが生まれてくるのは時間の問題だと思います。ですので，皆さんには，どれが自分の研究に相応しいデザインなのかを判断し，どのようにデザインを組み上げればよいのかを考えていただきたいと思います。量と質がバラバラである場合よりもたくさんの成果を生み出すためには，混合研究法デザイン（mixed method design）の議論が必要だと思います。

研究全体の進め方についてお話するにあたって，混合研究法デザインからお話致します（図 12-1）。まず，デザインが決まると，そのデザインに合ったタイトルを作ることができます。また，デザインが決まったら，研究法のタイプを見つけることも，デザインを図式化することも，方法論的妥当性問題（methodological validity issue）を検討することも，結果を表示することもできます。つまり，そのデザインの中でどのように統合がなされたのかを示すことができます。また，デザインに合わせて論文を執筆するための方法を編み出し，優れた研究目的や研究設問を書き，理論的枠組みを見つけることもできるわけです。デザインによって，ある研究設問で混合研究法を採用する必要性を明確にすることができます。私は，これまでデザインを検討することで，科学的なアイデアの創出，研究方法論の発展，あるいは，デザインを中心とした研究の骨組みを作ってきたと考えています。

この考え方を複雑だと思いますか？　皆さんは大丈夫ですよね。今日の午前中のセッションで，日本人の考え方というのは非常に複雑なことを複雑なまま理解するということ，そういう考え方は日本では尊ばれるということを学びました[8]。

5　クレスウェル氏は Mixed Methods Research を次のように定義している。
　An approach to research in the social, behavioral, and health sciences in which the investigator gathers both quantitative (closed-ended) and qualitative (open-ended) data, integrates the two, and then draws interpretations based on the combined strength of both sets of data to understand research problems. (Creswell, 2015a, p.2)

6　クレスウェル氏は "single subject design" と言っている。ここでは一事例研究法と訳出した。
7　クレスウェル氏は "case study" と言っている。ここでは事例研究と訳出した。
8　クレスウェル氏は本大会 2 日目午前中の口頭発表セッションで座長を務め，東洋的思想に関する発表を聞いている。

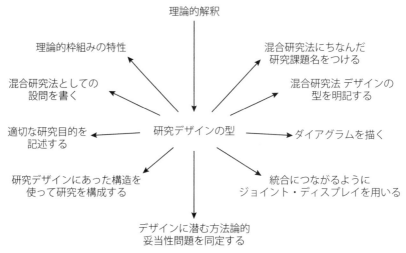

図12-1　社会科学的な混合研究法において何がなされてきたか

VII 社会科学の混合研究法を健康科学で機能させる7つのアプローチ

では，混合研究法を健康科学に合わせるために社会学者に何ができるでしょうか？　7つアイデアがあります。

1) 研究手続きを健康科学に適応させる
2) 実質的な研究課題を設定する
3) ヘルスアウトカムの観点で価値を論ずる
4) 質的手法についての教育を行う
5) 臨床研究の類型を考慮する
6) 社会科学とは違った執筆体系を理解する
7) 領域横断的な研究チームで活動する

今，私がやっていることは対話を始めようとしているに過ぎません。対話を通して，どのように社会科学と健康科学をすり合わせるのか，どのようにしたらアメリカの混合研究法の考えが中国や日本に受け入れられるか，こういうふうにして文化的に敏感な作業をしたいと思っているわけです[9]。

私自身，健康科学で取り組んだこと，社会科学で取り組んだことをお話しし，健康科学に社会科学を適用する際にベストだと思うことをお話しします。なかには複雑で理解しにくいものもあるかもしれませんが，皆さんは混合研究法に関心がおありですので，順番に説明していきたいと思います。

アプローチ1：社会科学の混合研究法 ダイアグラムを健康科学に適応させる

はじめに，社会科学の混合研究法ダイアグラム（mixed methods diagram）を健康科学に適用させる必要がある，それをどうするのかということです。昨日のワークショップでは，皆さんには混合研究法の手続きダイアグラムについてお話しましたが[10]，これが登場するきっかけになったエピソードについてお話します。

今となっては，米国国立衛生研究所（National Institutes of Health; NIH）は健康科学分野での混合研究法実践ガイドラインを出しておりますが（NIH, 2011），10年前にプラノ・クラーク（Vicki L. Plano Clark）と私が連邦政府の職員と話をしていたときのことです。「ジョンさん，私たち（連邦政府職員）は混合研究法は素晴らしいと思っていますが，非常に複雑で，データ収集や分析にい

9　2015年6月に米国で開催されたMMIRA Regional ConferenceにてクレスウェII氏はMixed Methodsと文化について講演を行っている（Creswell, 2015b）。

10　本書 pp.14-26を参照。

Strategy	Sample	Goal	Analysis
Structured, standardized intervention	Stratified random sample (based on depressive symptoms) of older adult patients from non-academic primary care settings	Assess depressive symptom patterns and correlates	Multivariate regression models
Semi-structured interviews	Purposive: 50 African American and 50 white adults from Spectrum sample (who may or may not be depressed)	Identify an explanatory model for depression	Grounded theory
Free listening and pile sorts	First 25 African American and 25 white adults selected above for semi-structured interviews for free listing. Second 25 African American and 25 white adults selected above for pile sorts	Identify the domain of depression and its characteristics	Cultural consensus analysis
Ethnographic discourse-centered analysis	Purposive: Another 15 African American and 15 white adults who are depressed based on survey responses from the Spectrum sample	Identify social meaning of depression	Discourse analysis

Let's add integration strategy (as a row) into the Research Process diagram ⇒

図12-2　健康科学分野のプロセスモデル
(NIH, 2010, p.20 より)

ろいろな形態があるようで，一体どういうふうに調査が実施されているのかが分かりません」そう言われました。そこで，「それなら絵に描いたらどうか」という話になり，デザインを図式化することになりました。それで描いてみましたら，健康科学分野のダイアグラムは研究プロセスのモデル (process model) であって（図12-2）[11]，社会科学分野で描くような手続きダイアグラム（diagram for procedure, 図12-3）ではないことが分かりました。

混合研究法のガイドライン[12]を作成するにあたって，アメリカの健康科学の主要な研究グループがどのような研究法を採用しているかを調査したところ，私はこのようなタイプの表をよく目にしてきました（図12-2）。この表には研究戦略，サンプル，目標 (goal)，そして分析手法が書かれており，研究の全体像が示されています。しかし，ここには統合といったものはありません。

一方，こちらのダイアグラムは研究手法と手順が描かれており，研究手続志向のものです（図12-3）。データの収集，分析，事例の選択，さらに，統合について順を追って記されており，研究手続が明確です。図の矢印で示したように統合では，量と質のデータベースがぶつかり合うわけです。この研究手続きは，説明的順次デザインでして，社会科学の典型的なダイアグラムということになります。これは，先ほどの健康科学のプロセスモデル（図12-2）とはまったく違うものです。

先にお示しした健康科学研究のプロセスモデル（図12-2）は，研究手法が記されプロセス志向のものではありますが，研究手順が明確にされておりません。さらに，図の矢印で示したように，統合が欠けていました。私たち社会科学者ができる

11　Gallo, J.J. (2003-2007) The sociocultural context of depression in late life. Research grants funded by the National Institute of Mental Health (R01MH67077, R01MH62210, and R01MH62210-01S1). (National institutes of Health, 2011, p.20)

12　クレスウェル氏は講演で，ウェブサイトでガイドラインが公表されてから3週間のうちに19,000回もこのガイドラインが閲覧されたことに言及し，それほど健康科学分野で混合研究法への関心が高まっていたと述べている。

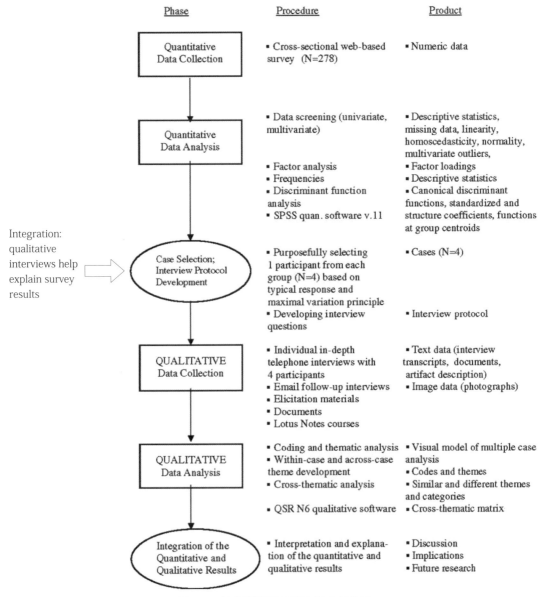

図12-3 社会科学分野の研究ダイアグラム
(Ivankova & Stick, 2007, p.98 より)

ことは，統合や混合という考え方をダイアグラムに加えるよう助言することです。このように研究手続きを明確にすることで，社会科学の視点を健康科学分野の研究の進め方に導入させることが可能と考えております。

アプローチ2：研究目的の書き方を健康科学分野のプロジェクトに合わせる

さて，混合研究法の研究目的の書き方についても考えてみます。これも大変面白い論点でして，健康科学と社会科学の視座を対比させてみます。研究方法論を重んじる社会科学と違って，健康科学においては研究手法よりも研究内容に注目をします。

研究プロジェクトを立ち上げるとき，社会科学の研究者は3つの視点から研究の目的を見分けます[13]。社会科学においては，量的研究の目的，質的研究の目的，そして混合研究法の目的を考えるこ

とから始めます。混合研究法デザインは当然，何らかの設問に答えるためにあるのですが，社会科学の人間はどういうふうに始めるのかについては，ハーバード大学のベタンコート氏（Betancourt）と一緒にやっているプロジェクトを例にお話しします。

ある日，ソマリア難民の研究をしている彼女は，社会科学の視座から研究計画のドラフトを見て欲しいと私の所にやって来ました。最初に見せてもらったドラフトでは，研究目的が3つ挙げられておりました。1つ目は現実的な目標（practical aim），つまり，調査対象となるコミュニティと医療従事者とをつなげること。2つ目は量的研究の目的（quantitative aim），つまり，個別の家庭に保健的介入を行うことで親子関係，家族の機能，および子どもの精神衛生に及ぼす影響を検討すること。3つ目は質的研究の目的（qualitative aim），つまり，インタビューで保健的介入のプロセスを評価し，この介入を阻害あるいは推進する要因を特定すること。彼女は2つのデータベースを統合しようとはしていました。しかし，私は，どのような方法を使うのかが不明確であること，そして計画書のドラフトには統合について書かれていないこと，この2点をフィードバックしました。

読み飛ばされてしまうことが多いようですが，NIHのガイドラインでは，研究プロジェクトの目的を設定する際，量的研究，質的研究，そして混合研究法の目的を明記するように書かれております（National Institutes of Health, 2011）。

そこで，先ほどのベタンコート氏のプロジェクトでは，4つ目に混合研究法の目的（mixed methods aim）を付け加えるように提案しました。つまり，介入型説明的順次デザイン（intervention explanatory sequential mixed methods design）によって，個別の家庭に行った保健的介入の効果を，地域の医療者を対象としてインタビューから導き出された保健的介入の阻害・推進要因でもって説明する。すなわち，量的研究で得られた結果を質的研究の結果で補完するのです。

このように，私は健康科学の研究者に対してはいつも，混合研究法を採用するのであれば，量的研究の目的，質的研究の目的，そして混合研究法の目的を，研究プロジェクトに含めるようにお勧めしています。もちろん，その研究のデザインによっても変わってきますが。

アプローチ3：混合研究法の付加価値を健康科学研究のアウトカムに結び付ける

3つ目のアプローチは，同僚からも言われたことでありますが，付加価値の問題です。混合研究法によって付加価値が生まれるとして，それをどのようにして評価するか。

「1＋1が3になるというんだったら，一体その3っていうのは何なんだ，1＋1より大きいだけではないのか」と言ってくるのです。つまり，健康科学の場合，その付加価値というものが，現実的なヘルスアウトカム（actual health outcome）に結びつかなければならないということです。混合研究法を使ってみたいといって私の所にやってくる健康科学の研究者は，量的結果が質的結果を補完すること，あるいはその逆が可能であるといった研究手法としての利点は理解しますが，彼らにとって，混合研究法を用いることで得られる結果が健康とどのように関連するかについて見出すことが切実な問題なのです。

そこで，混合研究法を用いることで得られた価値について具体的に書かれている健康科学の研究を探してみたところ，いくつか見つかりました。慢性閉塞肺疾患（COPD）の患者への介入プログラム開発研究（Farquhar, Ewing, & Booth, 2011）では，いくつかの段階に分けてプログラムを開発した際に，患者の健康評価項目の中には初期の介入研究では使えたが後の介入研究では使えないものがあったことを混合研究法によって明らかにしております。

一方，混合研究法を採用する合理性や価値を判断する際，イギリスのアラン・ブライマンのリス

---

13 講演の中で，社会科学研究の目的を論ずるにあたって，ベイズリー氏とは異なる見方をする可能性に言及しつつも，視点や議論の多様性を受け入れている。

ト が使用されております（Bryman, 2006）。しかしながら，このリストのどれをとっても具体的な健康アウトカムと関連づけられるものではありません。

健康科学分野には付加価値について論じた論文がいくつかあります。とくに，先ほどお示しした COPD 患者の介入研究では，著者らは，自らのプロジェクトで混合研究法を採用する価値について，表を使って説明しております（Farquhar et al., 2011, Table 5）。これは非常に素晴らしいと思います。混合研究法のプロジェクトに取り組む際には，それを書きながら，質的研究と量的研究を統合することによって生まれる付加価値が何であるかを示すことが重要だと思います。

私が社会科学者として健康科学の研究者を支援する際，健康科学における調査を紹介することが私の仕事でもあります。健康科学分野の初学者とのワークショップでは，いろいろな研究事例を紹介し，参加者の関心に近いものを取り上げるようにしています[14]。とくに健康アウトカムという点から見て，量的あるいは質的に調査をした場合よりも，混合研究法のプロジェクトにすることによって，どのような成果が得られたかということを検討するようにしております。

1 年ぐらい前のことですが，ハーバード大学でグローバルヘルスリサーチの研究者，人道援助研究者，あるいは，健康格差の研究者など，異なる 10 グループの人たちと話をする機会がありました。彼らと話すときはいつも「混合研究法が健康科学分野に何をもたらすのか？」という話題になりました。健康科学分野の人たちとのやり取りについて，いろいろと申し上げましたが，ブライマンのリストが悪いと言っているわけではありませんが，社会科学者の方法論的な視点から作られたリストにはなかったさまざまな付加価値が，健康科学との交流によって混合研究法に付け加えられてきたのです。

アプローチ 4：健康科学分野で用いられているスキルの基盤に積み上げる

4 つ目のアプローチとして，健康科学分野の研究者に備わっているスキルやその教育体制などの基盤を考慮して，その上に混合研究法を積み重ねる必要があります。健康科学では生物統計学，疫学，あるいは介入デザインといったスキルを持っていますが，質的研究にはあまり馴染みがないようです。まず，社会学者として，彼らの背景にあるものと技術レベルについて認識しておく必要があります。今から 1 年くらい前のことですが，米国疫学学会（American Epidemiology Society）で混合研究法についてお話をする機会がありましたが，質的研究についてはあまりよく知らないということでしたので，そこでは質的研究を実施するということがどういうことなのかをお話しすることになりました。

健康科学分野には，介入型の臨床研究をするための手引き（CONSORT 声明）[15] がございます。このガイドラインには研究参加者のサンプリングや介入研究の設計などが記されており，健康科学領域の量的手法について，米国ではこのガイドラインにしたがって教育されております。

一方，質的手法については，イェール大学のレズリー・カリー（Leslie Curry）が健康科学分野の研究者のためのビデオ教材を開発しております[16]。彼女は MMIRA の理事の一人でもあるのですが，この教材は健康科学分野の研究者が質的手法のスキルを身につけられるように作られております。

アプローチ 5：臨床研究の進捗段階と混合研究法デザインを関連づける

もう 1 つ，臨床研究に関連する問題を取り上げ

---

14 本講演でも，混合研究法を採用した健康科学研究を紹介した。（Püschel & Thompson, 2011; Stewart, Makwarimba, Barnfather, Letourneau & Neufeld, 2008）

15 Schulz, K.F., Altman, D.G., and Moher, D.（2010）CONSORT 2010 Statement: updated guidelines for reporting parallel group randomized trials.（津谷, 元雄, 中山訳（2010）CONSORT 2010 声明 ランダム化並行群間比較試験報告のための最新版ガイドライン. 薬理と治療, 38 (11): 939-947.）

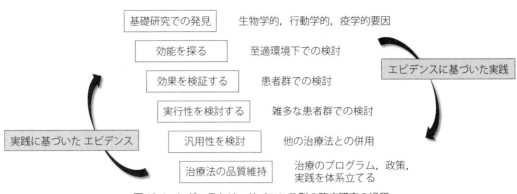

図12-4 レギュラトリーサイエンス型の臨床研究の過程

てみたいと思います。臨床研究はその研究プロジェクトの進捗によってやり方が変わってきますが，この点は混合研究法を行う社会科学者が十分に検討してこなかったところです。

新しい医薬品や医療機器の開発，新たな治療法の開発のように介入を伴う臨床研究プロジェクトを走らせる場合，いくつかのステップに分けて行われます（図12-4）。まず基礎研究によって医薬品の候補を発見し，あるいは疫学的調査によって対象者を探索します。次に，動物実験や臨床試験で，候補となった薬や治療法を少量から徐々に増やして最適な効果が得られる容量を探索し，限定された対象者で効能（efficacy）を確認します。そして，対象者を広げ実際の臨床場面での効果（effectiveness）を検討します。ヒトで有効性と安全性が確認された場合，一般的な医療として提供され実行性（implementation）を検討します。医薬品であれば規制当局の承認後，市販後調査という形で情報収集が続きます。最終的に，治療薬や治療法にして収集された情報は，保険点数の調整や特定疾患への配分といった政策や社会的意思決定に反映されます。

健康科学分野ではこのような流れで研究が行われるわけですが，社会科学分野ではこういうものはないわけですね。そこで，社会科学の考え方をどのように変えていったらよいか，いろいろと考えてみました。

社会科学の混合研究法には，収斂デザイン，説明的順次デザイン，探索的順次デザインという3つの基本型デザインがあります。この基本型デザインは，事例研究（case study）に適応させることはできるでしょうし，基本型デザインを組み合わせることで，介入研究や評価研究，さらには参加型のアクションリサーチにも適応させることも可能と考えております[17]。臨床試験の展開に合わせて混合研究法デザインを適応させる必要があると思いますが，それを実現させた研究は，私の知る限り，アメリカでは見たことはありません。

しかし，Curranら（2012）は効能（efficacy），有効性（effectiveness），実行性（implementation）を検証する一連の臨床試験の段階を踏まえて研究デザインについても触れております。そこで述べられているデザインは我々が混合研究法デザインとして描いているものとは異なりますが，彼女は臨床試験のサイクルを説明する上で社会科学のやり方を取り入れることを主張しております。

---

16 Curry, L. (2015) Fundamentals of Qualitative Research Methods: What is Qualitative Research (Module 1). You Tube.
https://www.youtube.com/watch?v=wbdN_sLW188&list=PLqHnHG5X2PXCsCMyN3_EzugAF7GKN2poQ

17 クレスウェル氏は3つの基本型デザインを組み合わせた応用型デザインとして，介入研究デザイン，社会的公正デザイン，多段階評価デザインを提唱している（Creswell, 2015a）。これらのデザインについては，抱井（2016）でも解説されている。

アプローチ6：出版や執筆のアプローチを変える

6つ目の論点は，ずいぶん早い時期から分かっていたことですが，社会科学と健康科学とでは論文の書き方や出版の仕方に大きな違いがあります。端的には，社会科学の論文は非常に長く，健康科学の論文は非常に短いことです。

健康科学分野で混合研究法の論文を執筆するにあたって，クラブトリー先生らがガイダンスを作成してくださいました(Stange, Crabtree & Miller, 2006)。このガイドラインでは，健康科学のお作法に則って論文を構造化して短くまとめるためのコツが記されています。

一方，Journal of Mixed Methods Research につきましては，社会科学者が集まって作ってきましたので，非常に長い論文です。社会科学の論文はだいたい10,000語ぐらいで書かれますが，健康科学分野の研究者が参加しやすいようにするには6,000語以下にする必要があるかもしれません。この点は，今後，変えていく必要があるかもしれません。JMMRでは，これまで実証研究であっても10,000語で書かれておりました。それをどのようにして6,000語以下にするのかについては，社会科学者が健康科学の世界に順応するためにも考えなければならないことです。それは私がハーバード大学公衆衛生大学院（Master of Public Health）で教えていたときに遭遇した課題でもありました。

ただ，その答えとなるような研究プロジェクトにも遭遇しました。そのプロジェクトは，チリの乳がんマンモグラフィーの集団検診を扱ったものですが，研究者は質的研究の論文（Püschel, Thompson, et al., 2010），量的研究の論文（Püschel, Coronado, et al., 2010），そして全体的な結果の混合研究法論文（Püschel & Thompson, 2011）を書いたわけです。つまり1つの研究プロジェクトから3種類の論文を書くことができたのです。論文をたくさん発表したいのであれば，混合研究法を採用することで3本も書けて，とても良いですよね。そして4本目は方法論の論文さえ書けるかもしれません。皆さんが4本目の方法論の論文を書いたら，フェターズ先生に送ってください。もしかするとJMMRに掲載されるかもしれません。

私は学生たちに混合研究法を採用した研究論文を読ませて，いかに分割して短い論文にまとめ，どのように混合研究法のピースとして再構成できるか考えるように言ってきました。そのことについては，最近出版しました本の導入にも書いております（Creswell, 2015a）。

アプローチ7：チームで研究を進める

健康科学の分野ではチームで研究を進めることを知りましたが，このトピックは今日の話で何度も持ち上がってきましたよね。それとは逆に，社会科学者は一人で研究をすることが多いわけです。

ですので，NIHのガイドラインを策定する際にはチームワークの形態についても検討し，いくつかのチームのあり方を提示してあります[18]。1カ月前のことですが，サンアントニオで開催されたMMIRA Regional Conference では，ヘッセ・バイバーがチーム全体で研究を進めることについて講演したように，チームワークは切実なトピックでもあります。

ハーバード大学の教授たちや私のクラスにいる人たちに，混合研究法のスキルの中で最も重要なものは何かと聞いたことがあります。そうすると「いかにしてアカデミックチームとしてやっていくのかが肝要だ」そういった答えが返ってきました。つまり，社会科学のやり方を健康科学に応用して混合研究法が機能するためには，チームワークに重点を置かなければならないと思っています。

VIII　おわりに

さて，結論に移ります。私はこれから社会科学者として健康科学の分野に身を投じようと思うわけです。健康科学分野向けに書かれた混合研究法の本がもっと必要でしょうし，社会科学の視座からでなく健康科学の関心に合わせて書かれた本も必

18　NIH. 2011, p.11 Box 1 を参照。

要でしょうし，アメリカやイギリスの視座で書かれた混合研究法ではなくもう少し違った文化に根ざして書かれた本も必要と思います。そして，健康科学分野の研究者が参加できるように混合研究法が学べる場を広げていかねばなりませんし，混合研究法がさまざまな学問分野や国々に伝播するように備えておく必要があると思います。この5年で日本の混合研究法がどのような姿になっていくのか，日本の皆さんがどのように混合研究法を応用させていくのか，大変興味深いです。

健康科学において，研究者は社会科学の視点を試してみる必要があると思います。とくに混合研究法の手順を明確にするダイアグラムの描き方については重要なポイントだと思いますが，現時点では，研究者間でコンセンサスが得られていないようです。混合研究法を採用するプロジェクトでは，混合研究法としての目的を明確にする必要がありますし，研究デザインや混合研究法自体の妥当性評価は活発になされる必要もあります。混合研究法は日進月歩で発展しており，とくに国際的な視点に立って，これを普及させ議論し，さらに洗練させていくべきだと思います。そこから得られる進展のいくつかは日本からも生まれるものだと考えております。

社会科学から健康科学に移る私の旅路は始まったばかりで，この旅路がどんなふうに変わっていくのかとても楽しみにしています。どうもありがとうございました。

引用文献

Bryman, A. (2006) Integrating quantitative and qualitative research: how is it done? *Qualitative Research, 6* (1), 97-113. doi:10.1177/1468794106058877

Creswell, J.W. (2015a) *A Concise Introduction to Mixed Methods Research*. Thousand Oaks. CA: Sage.

Creswell, J. W. (2015b) *Cultural Awareness and Diversity in Global Mixed Methods Research*. Paper presented at the MMIRA Philadelphia Regional Conference 2015, Drexel University.

Curran, G. M., Bauer, M., Mittman, B., Pyne, J.M. & Stetler, C. (2012) Effectiveness-implementation hybrid designs: Combining elements of clinical effectiveness and implementation research to enhance public health impact. *Medical Care, 50* (3), 217-226. doi:10.1097/MLR.0b013e3182408812

Farquhar, M.C., Ewing, G. & Booth, S. (2011) Using mixed methods to develop and evaluate complex interventions in palliative care research. *Palliative Medicine, 25* (8), 748-757. doi:10.1177/0269216311417919

Fetters, M. D. & Freshwater, D. (2015) The 1+1=3 Integration Challenge. *Journal of Mixed Methods Research, 9* (2), 115-117. doi:10.1177/1558689815581222

National Institutes of Health (2011) *Best practices for mixed methods research in the health sciences*. Retrieved from https://obssr-archive.od.nih.gov/mixed_methods_research/.

Puschel, K., Coronado, G., Soto, G., Gonzalez, K., Martinez, J., Holte, S. & Thompson, B. (2010) Strategies for increasing mammography screening in primary care in Chile: Results of a randomized clinical trial. *Cancer Epidemiology Biomarkers and Prevention, 19* (9), 2254-2261. doi:10.1158/1055-9965.EPI-10-0313

Puschel, K. & Thompson, B. (2011) Mammogram screening in Chile: Using mixed methods to implement health policy planning at the primary care level. *Breast, 20* (SUPPL.2), S40-S45. doi:10.1016/j.breast.2011.02.002

Puschel, K., Thompson, B., Coronado, G., Gonzalez, K., Rain, C. & Rivera, S. (2010) 'If I feel something wrong, then I will get a mammogram': Understanding barriers and facilitators for mammography screening among Chilean women. *Family Practice, 27* (1), 85-92. doi:10.1093/fampra/cmp080

Pamuk, O. (2011) *The Naive and the Sentimental Novelist: Understanding What Happens When We Write and Read Novels*. United Kingdom: Faber & Faber.

Stange, K.C., Crabtree, B.F. & Miller, W.L. (2006) Publishing multimethod research. *Annals of Family Medicine, 4* (4), 292-294. doi:10.1370/afm.615

Stewart, M., Makwarimba, E., Barnfather, A., Letourneau, N. & Neufeld, A. (2008) Researching reducing health disparities: Mixed-methods approaches. *Social Science and Medicine, 66* (6), 1406-1417. doi:10.1016/j.socscimed.2007.11.021

抱井尚子（2016）混合研究法入門―質と量による統合のアート．東京：医学書院．

第12章 パネル・ディスカッション 1

混合研究法をめぐる議論からみえてくるもの（1）

パネリスト：B・F・クラブトリー，抱井尚子，亀井智子
司会：M・D・フェターズ（報告者：八田太一）

要約

　大会第1日目パネル・ディスカッションでは，マイケル・フェターズ氏の司会により，ベンジャミン・クラブトリー氏，抱井尚子氏，亀井智子氏らが会場からの質問に答え，各自の基調講演を振り返りながら混合研究法の考え方について議論した。会場からは，混合研究法を始める上で必要なこと，混合研究法を戦略的に行う上で重要となる研究デザインについて，あるいは，研究パラダイムに関する質問のように，基礎的かつ根本的な質問から実践的な質問が寄せられた。混合研究法の定義や考え方は実に多様であり（Johnson, Onwuegbuzie, & Turner, 2007），刻々と変化を遂げている。本稿では，各質問に対する直接的回答や各発表者の経験的思想を中心に，パネル・ディスカッションの様子を再現したが，混合研究法の言い回しにおいてもその多様さが現れていた。今後，日本でも混合研究法について継続的な議論を行う上で，本パネル・ディスカッションは1つの在り方を示していると考えられた。

（本文中の下線は報告者による）

フェターズ：皆さんからたくさんの質問をいただきました。すべてお答えすることはできませんので，あらかじめお詫び申し上げます。ですので，できるだけ多くの人たちの関心に応える視点で質問を選びました。では，最初の質問です。

質問1　質的研究のスキルは芸術のようなものなので，量的研究の教育を受けた研究者が混合研究法をやっていくのは難しいように思う。量的研究で研究を始めた人はどうすればよいか？

フェターズ：どなたか答えていただけますか？　クラブトリー先生。

クラブトリー：私は人類学者です。大学院生のときには，ロジスティック回帰分析や時系列分析など量的デザインについて勉強していましたので，もっぱら量的研究に取り組んでいました。その後，韓国の集落でエスノグラフィー研究を行いましたが，そのときには質と量を組み合わせて混合研究法を研究手法としました。今から40年前のことです。

　私は，つい最近まで医学部におりました。医学部というのは，非常に量を重視します。ここで私が最初に始めたのは疫学研究でして，生物統計家と一緒に研究を行ってみて，何らかのストーリーを追うあるいは質的なインタビューを行う必要があると感じていました。そこで，まずは量と質のデータを集めてその後に分析といった方法を取り，この質的なインタビューを生物統計家と一緒に読んだわけです。読んでいる間に，量的な研究設問（research question）の作り方では自分たちの研究設問にはうまく答え

られないということが分かってきたわけです。つまり，量と質のデータを集めて分析をしてみせることによって，質的研究が何をやってくれるのかということが分かったわけです。ですから，いろいろな人たちに参加してもらうことによって，量的研究が中心的なフィールドであっても質的研究が行われるようになる。量的研究で始めても質的研究もできるようになりましたし，その反対もあると思います。

ですから，質的研究から始めてしまうと，量的研究はよくないというような偏見を持つ人はいると思いますが，それは克服しなければいけせん。両方からアプローチすることができると思います。重要なことはチームです，チームを作って，お互いの偏見を取り払って積極的にやっていくことです。はじめはシンプルなプロジェクトがいいと思います。本当に複雑なプロジェクトをする必要はありません。量的研究の人にテキスト分析をやってもらう，そうするとその人はびっくりする体験をしますよね。本当に目から鱗という体験になると思いますよ。

抱井：ご質問の方は量的研究をバックグラウンドにされていますよね。私のストーリーと重なる部分があるかと思いますが，私も本当に統計学ばかり履修しなければいけない環境でポスト実証主義[1]のメンタリティーを徹底的に叩き込まれました。そのあと，今もそうかもしれませんが，当時，質的研究を勉強できるクラスというのも少ない中で質的研究を始めました。どうしても質的研究の場合は自分で学ばなければならないところがあり，経験を通して，経験が一番だと思うのですね。そのなかで葛藤が必ずあって，サンプルサイズの問題ひとつにしても量的研究と質的研究で世界観が違うので，質的研究を行うときに，どうしてもポスト実証主義を引きずることになる。え，こんな少ないサンプルサイズでいいの？ といった感じで，そういう発想になってしまう。

そのあたり，量と質のバイカルチャー（bicultural）であり両方の言葉で話せるバイリンガル（bilingual）になる必要があって，そのプロセスのなかでは必ず葛藤があると思います。そこを乗り越えたところで，自分がコードスイッチできるように慣れてきて，最終的にはミックスト・メソッズのなかでも構成主義的な背景や前提をもって対象にアプローチする，あとはポスト実証主義的な基盤を持って対象に向かうようになるのではと思います。ご自分のスタンスをきちんと持たれて，ミックスト・メソッズをやる必要があるのではないかなというふうに思います。

フェターズ：ある意味，とりあえずやりなさいと。Just do it.

抱井：Just do it. です。

フェターズ：ええ，とにかくやってください。亀井先生，いかがでしょうか？

亀井：看護学では学部レベルの研究では，まず事例研究を習います。症例に対してどういう看護を行って，どういう結果であったのかを記述するような教育にウェイトが高いと思います。それから修士に進むと統計学を叩き込まれるということがあります。私たちも医学部と同じように，量的研究としてランダム化比較試験を組むことはあるのですが，量的研究のなかでも1ケースを取り上げて事例を紹介することもあり，混合研究法を知るまでは，そういう使い方をしていました。ですけれども，混合研究法のことを知ってからは，その1ケースの取り上げ方が，意図的になったといいますか，何かの特徴を示す事例を選んでくるようになりました。そして，その傾向を数量で表しながら，個別の特性をうまく表現をするという考え方に変わってきました。ですので，看護学の教育では混合研究法を早い段階で教えることで，学生時代から両方から見る見方を身につける，そういうのが今後は必要なのだと思います。

フェターズ：クラブトリー先生，この話題につい

---

[1] ここでは量的研究を主軸とする，狭義のポスト実証主義を指す。

て，何か加えることがございましたら。

クラブトリー：質的研究者として考えるべきことは，言葉に注意を向けるということですね。質的研究者は，あまりにもたくさんのジャーゴンや難解な専門用語を使います。そんな言葉を使ってしまうと量的研究の人は質的研究の話を聞いてくれません。

フェターズ：付け加えますと，異なる伝統で使われている言葉を混ぜてしまうと，お互いに混乱すると思いますね。それでは次の質問にいきます。

質問2　収斂デザインの場合，量的分析結果と質的分析結果が必ずしも一致しない場合もあると思うが，この問題をどのように扱うか？

抱井：いいですか？　先に。よくある質問だと思いますが，これもですね，やはりパラダイムに関係していると思いますね。ポスト実証主義のパラダイムから見れば，リアリティとは外在するリアリティがひとつあるので，収斂しなければならない。一方で，構成主義のパラダイムから見れば，多元的リアリティという考え方をもつので，収斂するほうが不思議という考え方もできる。そうすると，収斂しないのは何かどこかに誤りがあるのではないか，データ収集・データ分析の方法に誤りがあるのではないかと考えてしまう。実は，そうではなくて，新しい研究設問の誕生だということで，喜んでいただきたいくらいに思います。

フェターズ：クラブトリー先生お願いします。

クラブトリー：私もそのとおりだと思います。もっとデータを集めるか，あるいはもっと分析をする必要があるかのどちらかだと思います。質的・量的どちらかが正しいと決めつけるようなことはしないですね。抱井先生がご発表されたストーリーは素晴らしい例でしたね。質的研究を行ったとしても参加者（responder）から正しいストーリーを入手できないかもしれない。それは，あなたの立場が彼らの言っていることを変えているからです。ですからどっちかが間違えているというふうに思う必要はなく，量的結果と質的結果が一致しない場合データをもっと集めて，分析の仕方をちょっと変えるっていうことが必要なのかもしれないということを示しているのだと思います。

フェターズ：亀井先生いかがでしょうか？

亀井：そうですね，収斂させるようには努力しますけれども，一致しない場合があっても，違う見方でまた分析をしていく。そうして，螺旋状に研究が発展していけば，収束していく方向に向かうのではないかなというふうに思います。

フェターズ：OK, good。次の質問に行きましょう。

質問3　量的研究と質的研究のどちらを先に行うか？　順序によって結果に違いが生じるか？

亀井：今日発表させていただいたものは，プロジェクト立ち上げから最初の2年間までのデータでお話をしました。その時期を逃すとデータが取れないということがありましたので，私たちは量的データと質的データの収集を同時にスタートさせました。現在もこのプロジェクトは続いており，途中で数量的尺度を作りましたので，数量的に測れるものが増え，その点数がどう変わっていくかを継続して測定しております。また，サービス利用者の認知症がさらに重度になったり，健康だった方が転倒してしばらく自立度が下がったり，高齢者の生活の流れをダイナミックに追跡しております。さらにサービスの受け手と提供者の交流の質が変化する様子を継続して観察する中で，新しい方が入ったり，引っ越されておやめになるということもあって，研究参加者が入れ替わったりする。その新しい方にとっては最初のステージでもあるし，ずっと継続している方々にとってはもう慣れたコミュニティですので，人が入れ替わったり，プロジェクトの途中から小学生がコミュニティに加わったり，そういう動きがあるなかで，新しいス

テージの観察や評価をしていくことをやっております。私たちのプロジェクトでは，そうやって発展的にやっていくしかないのかと思います。

フェターズ：クラブトリー先生。いかがでしょう？

クラブトリー：この質問については，研究を始める段階で最初にあなたが何を知っているか，それから，あなたの研究設問が何であるかによってその答えが決まってくると思います。量的な調査をするだけの十分な知識を持ちあわせていなければ，質的なやり方で始めなければいけないわけですね。論文化されていない研究を含めどのくらい調査がなされているのか，調査の背景となる理論的な先行研究があるのかどうか，それから質問紙や測定機器など研究に使う道具（instrument）があるのかどうか，道具があれば量を先にやることもあるでしょうし，そういうことによって，ずいぶん違ってくると思います。つまり，<u>自分が今，何が分かっていて，そして研究設問が何かによって変わってくると思います</u>。

フェターズ：抱井先生。いかがでしょう？

抱井：本当に目的次第かと思うんですよね。<u>何が最終ゴールなのかによって，量を先に持ってくるのか，質を先に持ってくるのかというのは決まると思います</u>。たとえば，クレスウェル先生のデザインですと，説明的順次デザインの場合は，まず量的研究が先に来て，そこで得られた結果をさらに深化させるために，理解を深めるために質的研究を持ってくるという形をとります。逆に，探索的順次デザインであれば，先に質的研究を持ってきて，そこで生成された仮説を検証するために，量的研究を後に持ってきたりしますよね。尺度開発の場合，まず項目を作成するために質的研究を行って，そのあと量的研究で，その尺度の妥当性・信頼性を確認することもできますので，本当に目的次第かと思います。

あの，私が面白いなと思ったのは，グリーン先生がJMMRに掲載した論文（Lee & Greene, 2007）やジョンソン先生が共同編集されたオックスフォードのハンドブック（Hesse-Biber & Johnson, 2015）にも書かれていますが，いわゆる外れ値（outlier）と言われる人たち。その人たちが持っている背景を探るために，最初に量的研究をやって，そこでピンポイントにアウトライヤーの人たちに焦点を当てて，その人たちを質的研究でフォローする，そういう目的や工夫の仕方もあるかと思います。

フェターズ：今の質問は，質と量，どちらを先にやるかということだったのですが，次の質問。

質問4　量と質を同時にやる理由は何か？　どんなメリットがあるのか？

抱井：収斂デザインということだと思いますが，収斂デザインの場合は量的研究と質的研究を同時にやるわけですよね。<u>同時にやるとはどういうことかというと，どちらかのデータ収集・データ分析の結果に，どちらか片方のデータ収集が影響を受けない</u>ということですよね。お互いに調べる目的が決まっていて，質的アプローチと量的アプローチをするということですよね。

同時にやる狙いとしては，いくつか考えられると思います。1つには，どちらかの研究結果に影響されたくないという場合，よ〜イドン！でデータを収集して，そこからどういうものが見えてくるかという考え方。あと，収斂しないから駄目というわけではないと思うので，収斂しなかった場合，その理由をフォローアップインタビューとかフォローアップの質問紙とかを使ってやること自体，非常に興味深い研究につながるのではないかなと思います。

ですから，一方に影響されたくないような研究のとき，そういう意味でオープンシステムみたいな形で研究をしたいときに，収斂デザインはいいかもしれませんね。

亀井：同時にとはいってもですね，量的な調査を毎日できることはあり得ないと思います。デザイン上，便宜的に繰り返し取る，一定間隔を空けながら，量的な質問紙や調査を行うことは現

実的にはできると思います。ただ，毎日必ず観察の後に量的な調査をするデザインは，場合にもよるとは思いますけれども，なかなか現場では難しいと思いますので，同時に取ると言いつつも，タイムラグがある取り方が多いと思います。

ですので，必ずどっちが先っていうことでもないし，<u>必ず同時というふうに言っていても，その見ているポイントは微妙に違っている場合も多いように思います</u>。なので，両者を補完し合いながら1つの現象を探求していくために，どの時点・時期にどのデータを取っていくのか，観察をしたり，質問調査をしたりをどのように組み立てていくのかは，研究デザインでしっかり固めておけば，どのようなやり方でも，それはいいのではないかなと思います。

クラブトリー：事例研究の場合，ほとんどは収斂デザインを取りますよね。それから，介入研究で質的データを収集する場合も，たいてい収斂デザインですよね。自然と収斂デザインとなるような研究もあります。質的データにはある種の視座が反映されていて，そして量的データにも他の視座が反映されています。これらを収斂させるために，異なった視座を合わせていくことになります。そうすると，研究者にとって量的データのほうが満足できるというような場合もあるかと思いますが，そこに質的データ収集を加えることだってあり得ると思います。

　順次的デザインの考え方としては，データ収集と分析をセットにして量と質，あるいは質と量を順番にやっていくということです。ただ，実際に研究を行う場合には必ずしもこのタイミングでデータ収集をしなければならないというわけでないのです。ですから，ときには，量的データと質的データ，それを一緒に収集する，<u>そうすると，データ収集の段階でどちらか一方のだけで得られた情報を足し合わせるよりも多くの情報が得られると思います</u>。

フェターズ：次の質問ですけれども，がんサバイバーの研究に関心のある方からのご質問です。

質問5　長期的なデータ収集を行う場合，参加者の中にはあまりにも気分が悪くなってしまう，予定されていた日には見られたくない，予定された期間で必要なデータの収集が間に合わないことがあるかと思います。そういった状況で長期的な研究をするにはどのようにマネージすればよいでしょう？　参加者の事情で欲しいデータが手に入らないといった場合には，どういうふうに対応されるのかお聞かせください。

フェターズ：*Journal of Mixed Methods Research* で，プラノ・クラークらが長期的な混合研究法について論文を書いているように（Plano Clark et al., 2015），大変興味深いテーマだと思います。クラブトリー先生どうぞ。

クラブトリー：がんサバイバーの研究では，研究者が対象にしているのはがんの患者さんであって，今，受けている化学療法や放射線療法に関する問題があるような人たちと，完全にそれが終わっている人たちがいると思います。治療が終わっている人たちにとっては，放射線療法や化学療法で気分が悪いというような類の経験はないわけですね。そうすると，がんサバイバーをどう定義するのかという問題になってくると思います。他にはエイズとか，生命を危険にさらすような病気がありますけれども，それも同じですよね。つまり，いつインタビューするのか，どのようなデータを集めるのかという問題は常につきまといます。ですから，<u>正解はなくて，柔軟にというより他ありません。人間相手ですので，研究者の視点からだけで動くことはできないでしょう</u>。

フェターズ：たとえば，認知症の人たちもそうですよね。彼らの認知能力はどんどん変わっていく可能性があって，また，ばらつきもあるかと思いますので。このあたり，亀井先生いかがでしょうか？

亀井：高齢者は本当に健康状態が変わりやすいし，先週お元気でも今週お休みとか，わりと多

いのが転倒して骨折で入院しましたというケース。やはり調査をするときには，ある程度のアセスメントをして，今日はデータ収集しても大丈夫という判断が必要です。研究計画書の倫理審査を受けるときにも，どういう状況のときに，参加者に負担のかかるような調査はやらないということを検討しますので，参加者の健康状態を重視するように配慮はしています。それから，比較的負担のかからない研究者が行う観察のほうは，その状況も含めて観察をしますので，調子がよくないときの，その方の交流の様子を記録に残すようにして，分析データにしています。

フェターズ：それでは，次の質問にいきたいと思います。

質問6　単一の混合型研究において，どのように質的研究と量的研究とのバランスをとるか？　あるいは，どこまで突き詰めて質的分析や量的分析を行うか？

抱井：プラグマティズムのパラダイムからミックスト・メソッズ・リサーチを行うのであれば，目的が何かで決まると思います。皆さんが何を目的に研究をするのかによって，どちらに重点を置くかが決まると思います。たとえば生物医学などポスト実証主義のアプローチで研究を行うのであれば，核になる部分は量的研究であるべきだと思います。社会科学のアプローチ，とくに解釈主義のアプローチで研究をするのであれば，核になる部分は質的研究になると思います。

　量的研究と質的研究のバランスを考えるときに主役（primary）あるいは脇役（secondly）という言い方は，先の発表で個人的にはあまり好きではないと言いましたが，この関係を補完的役割（supportive role）というような考え方にはできないのかなと思っています。その，量的研究を主にするのであれば，質的研究が量をサポートする役割を担う。その逆になることもある。そんなふうに量と質の関係をお考えいただくとよろしいのではないでしょうか。

フェターズ：クラブトリー先生。

クラブトリー："Use the force.（フォースを使うのだ）" スターウォーズ知っていますよね？　つまり，現象やデータに直面して，内省すると，どのような類のデータがよい（prominent）かが分かると思います。ですので，答えはありません。研究を始めたばかりの頃は，量的研究あるいは質的研究のみをやっていることもあるでしょうが，ご質問に対する答えは研究設問によります。あなたが研究で何を見出したいのか？　ということによります。

フェターズ：こんな質問もあります。

質問7　単一の混合型研究において，質的研究と量的研究の研究参加者数（サンプルサイズ）は同じであるべきか？

クラブトリー：ほとんどの場合，サンプルサイズが同じことはないですよね。でも，同じ方がよいときもあるかもしれません。原理的に（inherently），量的研究は大きなサンプルを使う傾向がありますし，質的研究は小さなサンプルを使う傾向があるわけです。ですから同じ数のサンプルを使えるのは，むしろ珍しいのではないでしょうかね。

フェターズ：亀井先生，いかがでしょう？

亀井：サンプルはやはり，観察や質的なデータ収集のほうが，少なくなりやすいというふうに思います。

フェターズ：まあ，量的な視座や背景を持つ人が，質的研究をしようとするとサンプルの数が必然的に増えてしまう，そういうことがあるのではないかと思いますが，いかがでしょうか？

クラブトリー：それは質的な調査を正しくやっていないからだと思います。通常，質的研究としてインタビューをする場合，たとえば2名ぐらいインタビューして分析をする。そういうふうにやってみて，何か新しい情報が出て来そうにないなということになってきたら，もう時間の無駄だよということになって，新しいことを探

すのは一旦中止します。データを集めるといっても，インタビューをされる人たちのためになってないだろう。

質的研究をする場合，サンプルサイズを増やすよりももっとやるべきことがあるわけです。たとえばインタビューだけでなく観察をしたりすることもあれば，着想を得るまでにデータの収集と分析を行うプロセスもあるわけです。量的研究の場合にはデータを全部集めて最終的に分析するわけですけど，質的研究の場合にはそういうことはないわけです。小さなサンプルから始めておいて，そこまで大きくする必要はないのです。量的研究と質的研究は，一対一でマッチしてほしいというときもあるかもしれませんが，それは特殊な例だと思います。

フェターズ：抱井先生，いかがでしょう？

抱井：質的研究ですと，今，クラブトリー先生がおっしゃっているような，「没入・結晶化（immersion-crystallization）」(Miller & Crabtree, 1994) というアプローチに通じるものがあると思います。データ収集のときにその内的（emic）な世界に入り込んで，そのあと，分析のときには，少し距離をとって客観的な視点で分析をする。そして，データを集めて没入していってという，そのサイクルを繰り返す，2つのプロセスを繰り返す形かと思います。

これはグラウンデッド・セオリー・アプローチなどにも共通するものです。質的研究というと，自動的に帰納的，仮説を生成するためにあると考えがちですが，グラウンデッド・セオリー・アプローチはプロセスの中に，仮説生成と仮説検証が組み込まれていますから，質的研究だから仮説検証はしないとか，そういうことではないと私は思います。

質的研究の中には，とにかく最初にデータを取ってしまって，データ収集を完了してから，それを分析する形かと思うのですけれども，これは反復的なアプローチではないですよね。反復的なアプローチをとるのであれば，データは一度に取らないで，取っては分析し取っては分析しというのを繰り返すアプローチをとることになると思います。とくにグラウンデッド・セオリー・アプローチのように，結果として仮説を生成することを目的とするような質的研究に関しては，少数の対象者であっても何度もインタビューをすることもあるでしょうし，インタビューの回数は多くなるのではないかなと思います。

フェターズ：次の質問に移りたいと思います。

質問8　博士過程の学生からの質問。いくつかの質的データと量的データを持っているのですが，どのように混合させればよいでしょうか？　あるいは，いろいろな形で集めたデータをどのように整理すればよろしいでしょうか？

フェターズ：亀井先生，大学院生を教えていらっしゃると思いますけれども，先生の学生さんが個別に相談をしてきたら何とおっしゃいますか？

亀井：博士論文であれば，やはり研究枠組みをしっかり立てることが大事だと思います。後から混ぜるというよりも，混合型研究の研究目的に沿って，それぞれのデータを集め，「収斂」なり「説明」をしていくような戦略を取ると思います。博士課程では，研究の枠組みをきちんと立てることが大前提かなと思います。内容をみないとなんともいえないかなとも思います。

フェターズ：抱井先生いかがでしょう？

抱井：プロジェクトというのは，限られた時間のなかで1回は報告書を書くようなけじめをつける必要があるかと思います。一方で，大量にデータを集めてしまうと，そのけじめをどこでつけてよいのか分からなくなってしまうところがあると思います。まずは，自分で管理できるようなサイズにしていくことが大事かと思います。ですので，データをこれ以上取らない勇気を持つ必要があるかもしれません。とくに，博士論文であれば，「ちょっと，早く前に進んでください」という感じですね。それがアドバイスです。

今，すでにたくさんデータを持たれているのであれば，核となる研究設問が何かをもう一度整理して，本当に必要なデータに集中するかたちで，分析して，まとめられるとよいと思います。

フェターズ：クラブトリー先生，よろしくお願いします。

クラブトリー：これは私がいつも大学院生に言うことですけれども，自分の博士論文でノーベル賞はとれないよ。博士論文は学習の経験であって，できるだけ学習しようと思いなさい，いずれにしてもできるだけ早く Ph.D. を取るということを目標にしたらいい，研究設問は一体何なのかということに注目して，とにかくそれにフォーカスして論文を書き終えなさい，そう言うのですね。

　研究というものについて，私は基本的な考え方を持っています。それはどういうものかというと，1つの分野で研究を始めたとすると，自分がやっていることが分かるまでに5年6年かかるわけです。経験を積んだ研究者であっても，先行研究論文を読んで誰が自分と同じような研究をやっているのか分かるまで，あるいは適切な研究設問を設定するまでに5年6年かかるわけです。論文を書くとなると，さらに5年10年かかる。ですので，5年ぐらいで自分のやっていることをオーガナイズして，そして10年間で論文を書く。そこから，また新しいことを始めるのが研究なのだと思っています。

フェターズ：時間が来てしまいましたので残り6名からのご質問にはお答えすることができませんが，パネリストの方々やここにいる他の専門家が答えてくださると思いますので，このあと捕まえて聞いていただきたいと思います。それでは，どうもありがとうございました。

引用文献

Hesse-Biber, S. & Johnson, R.B. (Eds.) (2015) *The Oxford handbook of multimethod and mixed methods research inquiry.* Oxford University Press.

Johnson, R.B., Onwuegbuzie, A.J. & Turner, L.A. (2007) Toward a Definition of Mixed Methods Research. *Journal of Mixed Methods Research, 1* (2), 112-133.

Lee, Y.J. & Greene, J. (2007) The Predictive Validity of an ESL Placement Test: A Mixed Methods Approach. *Journal of Mixed Methods Research, 1* (4), 366-389.

Miller, W.L. & Crabtree, B.F. (1994) Qualitative analysis: how to begin making sense. *The Family practice research journal, 14* (3), 289-297.

Plano Clark, V.L., Anderson, N., Wertz, J.A., Zhou, Y., Schumacher, K. & Miaskowski, C. (2015) Conceptualizing Longitudinal Mixed Methods Designs: A Methodological Review of Health Sciences Research. *Journal of Mixed Methods Research, 9* (4), 297-319.

第13章 パネル・ディスカッション 2

混合研究法をめぐる議論からみえてくるもの（2）

パネリスト：R・B・ジョンソン，P・ベイズリー，J・W・クレスウェル
司会：M・D・フェターズ（報告者：八田太一）

要　約

　大会第2日目パネル・ディスカッションでは，前日に引き続きフェターズ氏の司会により，バーク・ジョンソン氏，パット・ベイズリー氏，ジョン・クレスウェル氏らが会場からの質問に答え，各演者の混合研究法（mixed methods research）に対する考え方の違いについて批判的議論を展開させた。とくに，混合研究法の妥当性に関する議論では，各演者の方法や方法論に対する世界観の違いが論じられ，さながらパラダイム論争が勃発したともいえる。また，研究の規模，論文執筆など，混合研究法を実践する研究者にとっては切実な課題についても，各演者から実践的なアドバイスが得られた。本稿では，各質問に対する直接的な回答，各発表者の経験的思想の相違を中心に取り上げ，パネル・ディスカッションの様子を再現した。本稿は，今後，日本に合う混合研究法のありようを論ずる上で重要な論点を示したと考えられる。

（本文中の下線は報告者による）

フェターズ：これからパネル・ディスカッションを行います。クレスウェル先生，ベイズリー先生，そしてジョンソン先生，よろしくお願いします。たくさんのご質問をいただいておりますので，手短にするところもありますけど，できるだけ多くのご質問にお答えしたいと思います。

質問1　混合研究法は近い将来，さまざまな分野に拡大すると思いますか？　もし拡散するとお考えであれば，若手研究者にはどのような準備が必要でしょうか？

ジョンソン：それが皆さんの使命（mission）だと思っています。真面目な話，私たちはもう古い世代で，皆さんのように若い世代が自信をもって進んでいくこと，それが皆さんの使命であると思っています。ぜひお願いします。

フェターズ：記録のために残しておきたいと思いますけれども，クレスウェル先生は「私たちはもう古い世代だ」ということに対しては異論を唱えておられるようです。（会場，笑）

クレスウェル：アメリカで私のワークショップに来る人たちのほとんどが大学院生です。疫学，健康科学，社会科学など，さまざまな分野の若い人たちが来ています。しかし，彼らが質的研究や量的研究に見切りをつけて，単一のアプローチを放棄してやって来るわけではありません。若い参加者が多いのは，混合研究法が次世代の方法論であり，今，一番新しい方法論が混合研究法であると彼らが思っているからだ，そう私は考えています。

ベイズリー：簡単にお話しますが，さまざまな技術の進歩がある中で，現在の混合研究法が行われているわけですが，多くの人たちにとって混合研究法がごく自然なアプローチとして受け入

れられてきているのだと思いますね。

フェターズ：みんなその点では合意しているのでしょうかね？　もしかすると，そうじゃないかもしれませんけれども，次の質問に行きます。

質問2　今日お話しをされた先生方の混合研究法と，この学会参加者の混合研究法とでは，大きなギャップがあるように思います。NIHの場合のように，先生方の混合研究法は非常にスケールが大きい。でも，この学会のポスター発表のように，私たちのやろうとしていることは非常にスケールが小さい。小規模の混合研究法に取り組むときに何か注意すべきことはありますか？

ベイズリー：いつも言うことですけれども，大きなプロジェクトを回すときには，自分で咀嚼できるサイズ（bite size），小さなサイズに分割することを勧めています。ですから，その研究が実現可能なもの，とくに，与えられた期限内にできるものにしなさいと。小規模なプロジェクトであっても混合研究法を使うことはできると思います。たとえば，小規模の質問紙調査に開放型の質問項目を入れておくと，それだけでも質問紙に質的側面が加わる。あるいは，どんな研究であっても観察を加えることはできるかもしれません。小規模の研究であっても，いろいろな情報源（data source）に目を向ければ，混合研究法を採用した研究にできるということです。

フェターズ：私の好きな言葉があって，"Walk before you run" ということです。まず歩くことを学び，そのあとで走りなさいと。ですから，小さいプロジェクトから始めて，そこから学んで大きなプロジェクトに移っていくということは，大変良いことだと思います。

クレスウェル：混合研究法に初めて取り組む人にとって説明的順次デザインは非常に良いデザインだと思います。このデザインは，量的な調査を行ってから質的な調査でフォローするもので

して，混合研究法に初めて取り組む研究者の多くが採用してきたものです。大規模な調査は確かにありますが，私が大学で教える混合研究法演習では，学生は皆，小規模な研究をしています。

ジョンソン：私のほうからは，研究をデザインする段階から，研究の正当性（legitimation）や研究の多元的妥当性（multiple validity）（Onwuegbuzie & Johnson, 2006）[1] を念頭に入れておくことをお勧めします。質的研究，量的研究，そして混合研究法において，私たちは各研究の特性に合わせてその研究の妥当性を評価します。その一方で，実は妥当性というものは一様ではなく，いろいろな形があることを考慮しておくことが重要なのです。

フェターズ：まだまだ質問があるので，次に行きましょう。

質問3　混合研究法を出版するにあたって，盗用など倫理的な課題があると思います。同一の研究プロジェクトから質的，量的，それから混合研究法の論文を書くときに，どのように対応していますか？

ジョンソン：論文を書く際，1つの研究から1つの論文を書くことは原則的な考え方だと思います。ただ，長期的な研究で膨大なデータセットを扱う場合には，データを使い分けて書くこと

---

[1] 研究の妥当性（validity）や信用性（trustworthiness）に関しては，量的研究と質的研究とでは異なる概念や用語が当てられてきた背景がある。たとえば，内的妥当性（internal validity）と信憑性（credibility），外的妥当性（external validity）と転用可能性（transferability）など。混合研究法においてこれらを評価するにあたって，Onwuegbuzie & johnson（2006）は正当性（legitimation）という考え方を提唱し，研究の正当性（legitimation）として9つの側面を提示している；対象者の統合（sample integration），内と外（inside-outside），弱点の最小化（weakness minimization），連続性（sequential），転換（conversion），パラダイムの混合（paradigmatic mixing），共通性（commensurability），多元的妥当性（multiple validity），量と質のバランス（political）。

ができると思います。しかしまったく同じ結果を示すデータを2つの論文に投稿することは倫理的に許容されないと思います。ですから、そのことをよく考えてデータを使い分け、お互いに引用するなどして、1つの論文からでも研究の全体像が伝わるように構成することはできるかと思います。

ベイズリー：私が申し上げたいのは、まずもって一研究から一論文を書くというスタンスを取らないことです。研究のトピックスや要素（element）で分ける。そして、それぞれの、要素について論文を書くことは可能だと思います。

フェターズ：一言だけ加えると、質的研究についてはあるトピックスに分けて論文を書くことはできるでしょう。でも、ジョンソン先生が触れたように、研究の全体像に関わるデータに言及する場合には、補完的に引用するなど、投稿戦略をよく練っておく必要があると思います。次の質問に移ります。

質問4　Journal of Mixed Methods Researchでは、混合研究法の論文以外に質的研究の論文や量的研究の論文が採択されていますか？

フェターズ：答えはNoです。まずJournal of Mixed methods researchは混合研究法の方法論（methodology）に重きを置いた雑誌であり、混合研究法として行われた研究を対象としています。ですから、方法論の研究論文を歓迎します。そして、混合研究法を用いた実証的研究も採択しています。方法論的研究であっても実証的研究であっても、混合研究法としての目的がはっきりしていることが求められます。

クレスウェル：確かに、質的研究、量的研究、あるいは混合研究法のいずれかの研究を掲載している雑誌はあるようですが、Journal of Mixed Methods Researchではありません。ある分野の雑誌では、この3つの研究を掲載することがあるようですが、それでもしばしば目にするものではないですね。

フェターズ：よろしいですかね、次の質問です。

質問5　質的分析の妥当性はどのように判断するのでしょうか？

ジョンソン：先ほど、混合研究法における多元的妥当性（multiple validity）や正当性（legitimation）に触れましたが（Onwuegbuzie & Johnson, 2006）、質的研究におきましても妥当性というのは一様に評価するのではなく、皆さんの研究に合わせて多元的妥当性（multiple validity）や正当性（legitimation）といった考え方を適用していただければよろしいかと思います。

ベイズリー：私の考え方は非常にシンプルでして、質的研究の妥当性は、どのぐらい説得力のある議論ができているかで決まると思っています。説得力のある議論には証拠がしっかりしていることが大前提であると思います。

クレスウェル：質的研究の妥当性を検討する方法としてはさまざまなやり方があります。たとえば、いろいろな情報源のトライアンギュレーションをしたり、評価者どうしで相互チェックしたり、いろいろな戦略があります。

フェターズ：つまり、質的研究の妥当性を評価する方法にはいろいろなやり方があって、ジョンソン先生の話では正当性（legitimation）の考え方を適応させる、ベイズリー先生の話では説得力のある議論をすること、そして、クレスウェル先生には既存のやり方を例示していただきました。さらに、それらのやり方を各自の研究に適応させることが重要だというお話でした。次の質問に移ります。

質問6　いろいろな考え方はあるかと思いますが、混合研究法の定義として決まったものはありますか？　先生方の定義を説明していただけますか？

ジョンソン：以前、私たちはJournal of Mixed Methods Researchで混合研究法の定義について

論じ，混合研究法論者（mixed methodologists）が提唱する 19 個の定義を提示しております（Johnson, Onwuegbuzie & Turner, 2007）。グリーンは，混合研究法のアプローチ（mixed methods approach）とマルチ・メソッドのアプローチ（multimethod approach）の違いをいくつか述べていて（Greene, 2015），その 1 つとして混合研究法は，方法（methods），方法論（methodology），そしてパラダイム（paradigm）のレベルで混合した様式をとっていると書いております。これは大変面白いと思っております。つまり，量と質といった水平的な方法のレベルでの混合だけでなく，パラダイムや方法論のレベルでも垂直的に混合することができるということをいっています。ここまでよろしいですかね。このことは，ハイブリッド方法論（hybrid methodology）というものを作ることが原理的に可能であるということです。そこから混合研究法による事例研究（mixed methods case study），混合研究法によるグラウンデッド・セオリー（mixed methods grounded theory）といったものが可能になるわけです。私にとっても混合研究法（mixed methods research）とは，方法（methods），方法論（methodology），そしてパラダイム（paradigm）のレベルで混合されていることが重要な条件になります[2]。

ベイズリー：私の定義は非常にシンプルです。混合研究法とは，複数の方法，あるいはアプローチが含まれている研究であり，それらが相互依存的に統合されている研究である，というものです[3]。

クレスウェル：そうですね，私はお二人の意見に反対です。

フェターズ：はい。花火が上がりました。（会場，笑）

クレスウェル：私は応用方法論者（applied methodologist）でありますので，パラダイムを論じるよりも研究手法を使いこなす方を重視してこれまで研究プロジェクトを走らせてきました。いろいろな研究手法や考え方を取り入れて新しい方法論的な枠組みを作ろうとする人たちがたくさんおりますが，それは応用研究ではないわけです。自分たちの研究の目的に合わせてフォーカス・グループをやろうとか，あるいは調査を行うとか，そうやって研究方法を活用するのは，応用的思考だと思いますので良いと思います。これまでにも，いろいろな方法，方法論やパラダイムというようなものを統合するような話が出てきましたが，私が混合研究法について議論し始めた頃，皆，方法というものをもっと具体的な視点で考えておりました。ですので，私にとって混合研究法は，科学哲学的な視点で議論される方法論ではなく研究をする上での手段であって，そういった方法どうしを合わせたものということになります[4]。

混合研究法が面白いのは，これをやっている

---

[2] Johnson & Onwuegbuzie (2007) では，ジョンソン氏は以下のように定義している。"Mixed methods research is the class of research where the researcher mixes or combines quantitative and qualitative research techniques, methods, approaches, concepts or language into a single study or set of related studies."

[3] Johnson & Onwuegbuzie(2007)ではMMRの論客に各自のMMRの定義を尋ねており，ベイズリー氏は以下のように定義している。"I tend to distinguish between mixed methods and multimethod, although if I need a generic term, I used mixed methods. Multimethod research is when different approaches or methods are used in parallel or sequence but are not integrated until inferences are being made. Mixed methods research involves the use of more than one approach to or method of design, data collection or data analysis within a single program of study, with integration of the different approaches or methods occurring during the program of study, and not just at its concluding point. Note that I am not limiting this to a combination of qualitative and quantitative research only, but more broadly, combinations of any different approaches/ methods/data/analyses."

[4] Johnson & Onwuegbuzie (2007) ではMMRの論客に各自のMMRの定義を尋ねており，クレスウェル氏は以下のように定義している。"Mixed methods research is a research design (or methodology) in which the researcher collects, analyzes, and mixes (integrates or connects) both quantitative and qualitative data in a single study or a multiphase program of inquiry." クレスウェル氏の最新の定義は p.97 脚注を参照。

人たちがいろいろな視点を持ってやっているということなのです。それは私たちの会話でも明らかであります。グリーンの言う混合研究法は彼女の目的に合うのだと思います。ただ，私が意図していることからすると，彼女の言う混合研究法はあまりにも抽象的です。私の考え方のほうが，混合研究法の初学者には向いているのだと思っております。また，アメリカの混合研究法のコンテクストというのはオーストラリアのコンテクストとは違うと思いますので，ベイズリーさんの言うようなアプローチの統合というのは，私の考えとは違います。混合研究法というのは量と質，2つの方法を合わせる（mixさせる）ことです。

ベイズリー：私も質と量を合わせる（mixさせる）と言ったつもりですが。

クレスウェル：でもあなたが言っているのは方法ではなく方法論のレベルでのミックスですよ。

ジョンソン：私たちは，可能性を言っているだけです。具体的な手段としての方法以外にもミックスは可能である，つまり，方法論のミックスについての可能性を言っているわけです。

フェターズ：4人で仲良く温泉に行った方が良さそうですね。（会場，笑）

クレスウェル：一言だけ。ジョンソン先生のあの論文いいと思うんですよ。混合研究法の論客がそれぞれの混合研究法の定義をしていて，19通りの定義が示されているわけです（Johnson et al., 2007）。ですから混合研究法にはいろいろな視座があるので，ここに来られた皆さんは自分に合う定義を選べばよいかと思いますよ。

ベイズリー：要するに合言葉は統合です。

フェターズ：そこについては，みんな賛成ですよね？　統合が重要ですよね？　賛成ですね（会場，笑）。私の考えでは，混合研究法の定義の違いは，単一の研究の中で質的研究と量的研究の組み合わせ方の違いによるのだと考えます。つまり，いくつかの研究方法を採用したものをマルチ・メソッド研究（multiple methods study）とした場合，量と量のマルチ・メソッド研究があれば，質と質のマルチ・メソッド研究もあるし，質と量のマルチ・メソッド研究というものもあると思います。いろいろな考え方や慣習があって，今のところ量と質を含んでいることが混合研究法の条件であるとまで断言はできなくて，まだ統一的な定義はないというのが私の見解です。

クレスウェル：質と質，あるいは量と量，それはマルチ・メソッド研究。質と量の場合が混合研究法ですよ。ある心理的特性を異なる手法で計量化する試みとして，多特性・多方法マトリックス（Campbell & Fiske, 1958）といったものが提唱されていた頃は，マルチ・メソッドと呼ばれていたわけですが，混合研究法には質と量が入るのです。1990年代に私たちはマルチ・メソッドから混合研究法（mixed methods）に移行したのだと個人的には理解していました。他のパネリストの皆さんも同じような考え方を持っていると思いますけど，あのとき，一緒に議論したじゃないですか？　（会場，笑）

フェターズ：ああ，だいたい意見が一致したようですね。だいたい。では次の質問。

質問7　アクションリサーチは混合研究法とは違うのでしょうか？　それとも，アクションリサーチは混合研究法を含みますか？

ベイズリー：私は博士論文で混合型アクションリサーチ（mixed methods action research）について書きました。アクションリサーチは，研究方法論とまでは言わないまでも1つの研究アプローチであって，研究を通して現場に何らかの変化をもたらそうとするものです。ある意味，参加者が現場でいろいろなことをやること自体にアクションリサーチの意義があるとも言えます。

私の考えでは，混合研究法というのは1つの方法論的な研究アプローチであって，混合研究法はアクションリサーチにおいても事例研究においても研究方法として用いることもできるわけです。アクションリサーチでは特定の研究方

法が決まっているわけではないので，アクションリサーチで混合研究法を採用する場合，混合研究法はデータ収集といった具体的な研究プロセスを規定することになります。

クレスウェル：私もそのとおりだと思います。アクションリサーチというのは混合研究法の実践のあり方の1つですね。アイヴァンコーヴァは，アクションリサーチと混合研究法に共通する特徴やそれらの違いについて書いています（Ivankova, 2015）。アクションリサーチには，その専門の雑誌やコミュニティがありますし，やや趣きは異なりますが混合研究法にもあります。

フェターズ：ありがとうございます。次の質問もいい質問ですね。

質問8　健康科学分野の研究者が混合研究法を用いた研究を始めるときに，最も注意すべき点は何でしょうか？

クレスウェル：混合研究法は社会科学分野において発展してきた経緯がありますが，未だに新たな研究手法（procedure）が次々と生み出されています。中には健康科学領域のプロジェクトにも使える手法があります。混合研究法に合わせた研究設問（research question），混合研究法デザイン（mixed methods design），それから混合研究法の妥当性検討，こういったものを研究プロジェクトに組み込まなければ，プロジェクトの頑強性は下がります。これらの点については，社会科学分野で混合研究法の手続きを発展させてきましたので，健康科学分野にも組み込むべきでしょう。それから，手続きダイアグラム（diagram of procedure）をもっと真剣に考える。そうしているうちに，混合研究法の論文が書けるようになると思います。

フェターズ：私，日本で何年か生活したこともあり，健康科学分野でも活動させていただいたのですけれども，この質問をされた方は，量的研究の行われる領域に質的研究を取り入れるためにはどうしたらよいか，ということかと思います。日本では，看護研究の分野では質的研究はどんどん取り入れられてきていると思いますけれども，医学研究の分野では量的研究を重んじてきた伝統があると思います。これはデリケートな話ですが，医学研究をする医師と看護研究をする看護師の間には，医療現場の力関係のようなものがあるのではないかと思います。誤解を恐れずに言うと，医師は看護師たちを下に見ているというところがあるのかなと。この質問をされた方は，おそらく看護師であって，混合研究法がもっとたくさん行われるようになったとしたら，看護師が医学研究の現場にも入っていきやすくなるとお考えなのかもしれません。ただ，そのような状況であっても，研究チームを組んで1＋1＝3になるような研究は大切だと思います[5]。日本の医師たちには失礼なことを申し上げてしまいましたが，ふと気がついたのでコメントをさせていただきました。

次の質問に行きます。

質問9　私は質的研究の方法論者です。私の全体的な印象としては，先生方のお話は量的研究者の肩を持つようなお話であったと思います。混合研究法において質的研究者が重要な役割を果たすことはありますか？

ベイズリー：質的研究者としてあなたが身につけた技術は混合研究法で収集されたデータを扱う際にも役に立つと，私は考えています。もし，あなたがデータの乱雑さ（messiness）に寛容であるなら，複雑な質的データをどうにかうまく扱うあなたの技術は，質的研究の中でデータとデータをつなぎ合わせるだけでなく，混合研究法としてデータをつなぎ合わせる場合にも非常に役に立つと思います。

クレスウェル：リサーチ・デザインの観点からすると，質的な考え方を基に考案されたデザイン

5　フェターズ氏は混合研究法の考え方の1つとして1＋1＝3を提唱している（Fetters & Freshwater, 2015）。

があります。たとえば探索的順次デザインですね。世界中の健康科学分野で非常に多く使われています。この分野の人たちの中には質的な考え方を持っている方々もいますので，混合研究法を用いた研究に取り組む場合も質的研究の意義を理解してくれる人たちだと思いますよ。

ジョンソン：我々を嫌いにならないでくださいね，混合研究法を使う研究者は質的研究も大好きです。質的研究者の中には混合研究法に対して何らかの抵抗感があるのかなと，あるいは，その逆で敬意のようなものかもしれませんが，そんなことはありません。私たちは一緒にやっていけます。

クレスウェル：私が強調したいのはアンドですね。ジョンソン先生も18原則の中で強調してらっしゃいましたけれども[6]，両立（both-and）です。混合研究法は，我々の世界を理解する上で非常に価値のある研究方法だと思います。質も量もそれぞれに価値があるわけで，権力争いみたいなことになってしまうと，混合研究法に本来備わっているバランスが失われてしまうように思います。このバランスはとても重要でして，私がMMIRAの会長を拝命したときもこのバランスを保つよう努力しましたし，質的研究者にも量的研究者にもどちらにも積極的に加わってもらうよう呼びかけました。

フェターズ：私もまったくその通りだと思います。質的研究を最初にするのであれば，どのように良い介入をするのかを発見しなければなりません。問題が何であるかを特定し介入をする。そして，なぜこういうことが起こっているのかを質的手法で理解する。調査が終わったあとに，その調査が成功したならば，なぜ成功したのかを理解しなければならない。混合研究法に関心を寄せる質的研究者であれば，量的研究者と同じくらい研究にのめり込んでいただきたいです，というのは，質的研究だけでは成し遂げられなかったことを混合研究法で実現するわけですか

---

[6] p.78-参照

ら。

クレスウェル：少なくともアメリカの健康科学分野では，量的研究の1つであるランダム化比較試験がゴールドスタンダードです。混合研究法が健康科学分野に入ってくることは，質的研究の価値が認知されるきっかけにもなったわけです。混合研究法には質的データの収集と分析が組み込まれていて，量的研究者はそれを見て初めて分かるわけです「そうか，こんな方法でやるのか！」と。そう言って非常に感動するわけです。量的研究の雑誌に論文を投稿する人の中にも，混合研究法を通して質的研究の素晴らしさに気がつく方はいらっしゃいます。混合研究法へのドアは質的研究方法論者にも開かれていますよ。

フェターズ：次の質問は，ジョンソン先生への質問です。

質問10　ご講演どうもありがとうございました。パラダイムについてジョンソン先生がどのようにお考えなのかもっと聞きたいと思いました。たとえば実証主義や社会構成主義など，異なるパラダイムを1つの研究で使えるのかと尋ねてみても，だいたいNoという答えが返ってきます。「私たちはいろいろなテクニックを1つの研究で使うことはできても，1つの研究において異なるパラダイムを等価に扱えない」と。このことについてどのようにお考えでしょうか？

ジョンソン：そういったやり取りには驚きを隠せません，つまり，混合研究法のパラダイム（mixed paradigms）は役に立たないということでしょう？　まあ，ゾンビの世界みたいですよね。「mixed paradigmsだめ，mixed paradigmsだめ」と言ってるように私には聞こえます。でも，皆さん，複数の言語話せますか？　使いますよね。言語はパラダイムですよね。皆さんを取り巻く1つの文化のなかにもいろいろなものがありますよね？　地域，ジェンダー，所得

層とか。皆さんは，いろいろなものを織り交ぜ，一方からもう一方に橋渡しをして，複雑なものであってもやりくりできますよね？　そういうこと，できますよね。実際のところ，そうやってできないと思い込む議論は，演繹的な思考停止状態です。矛盾が生じるから2つ同時にはできない，そう思い込んでいる。でもプラグマティスト（pragmatist）はやってのけたわけです。「ごめんね，皆できないと言うけれど，僕（pragmatist）やったよ。だからできる」と，<u>そういうものなんです。</u>

いずれにしても，いろいろなパラダイムからいろいろな声が聞こえていきます。私たちはいろいろな声に耳を傾けなければいけません。耳を傾けることは悪いことではないのです。チームでやっているのですから。それは素晴らしいことなのです。もし，何か論理的な矛盾が出てきたら，たとえば，弁証法的になると思いますけれども，自分の正しいと思う命題（テーゼ）を出して，それに反する命題（アンチテーゼ）を加え，そこで折り合いをつけて統合させた命題（ジンテーゼ）を出して，最後には矛盾するものを乗り越えてさらに高い段階に達する（アウフヘーベン）のでよいじゃないですか。

クレスウェル：私は，この議論で是非とも言っておきたいことがあります。もちろん，混合研究法のパラダイム（mixed paradigms）というのは成立します。以前，私はプラノ・クラークと，パラダイムというのはデザインに関係があると書きました（Creswell & Plano Clark, 2011）。たとえば，説明的順次デザイン，量から質の場合，<u>ポスト実証主義的なパラダイムで始めて，社会構成主義的なパラダイムに移る。そのように1つのデザインの中でパラダイムをシフトしていくことが</u>，より洗練されたプロジェクトの実施につながるわけです。私には，皆さんがパラダイムというものを固定的に捉えておられるように見えます。中には，パラダイムというものを先天的に備わった深くて暗い心的特性であって，自分たちでは変えることはないと思い込んでいる人もいるわけです。私には信じられません。<u>パラダイムは変わるものです。</u>大学キャンパスの同じ道を歩いていて日々風景が変わるように，パラダイムも変わるものです。

実際に，ホームレスのシェルターに関する研究では，ポスト実証主義的パラダイムで始まり，構成主義的パラダイムに移り，最後は変革的パラダイム（transformative paradigm）に移り，ホームレスの人たちのニーズを代弁（advocate）することになりました（Guetterman, Fetters & Creswell, 2015）。1つのプロジェクトで，3つのパラダイムを経て行ったわけですよ。これは凄いことだと思いますよ。

フェターズ：先日の抱井先生のお話にあったように，私も，バイ・カルチャーリズム，バイ・リンガリズムという考え方に賛成です。一人の人間であってもバイ・カルチャーはあり得ますし，バイ・リンガルもあり得るわけですよね。クレスウェル先生のお話を聞きながら思ったことは，私は英語も日本語も使いますが，もちろん英語のスキルの方が高いのですが，場合によっては，日本語のほうが英語よりも言いやすいこともあるわけです。また，逆に，英語のほうが考えやすいし，話しやすいこともあるわけです。だから，私の場合，「あれ，英語でなんて言うんだっけ？」ということもあるわけです。というのは，言語というのは，いろいろな思考と結びついて，知識を獲得する方法とも関わっているからです。<u>いつも同じというわけにはいかないわけです。違ったやり方を取り入れることで，もっと知ることができるということです。ですから，いろいろなパラダイムを使って，そのパラダイムを通して考えることによって，よりよく理解することができると思いますし，問題をしっかりと把握することもできるわけです。</u>モノ・リンガリズム（単一言語主義）に固執するよりも，そっちのほうがいいということがいえると思います。抱井先生からアイデアをいただきました，ありがとうございます。

次の質問，これも重要な質問です。

質問11　膨大な質的データセットがあって，データを変換させた後に質的分析と量的分析を行う。これは混合研究法（mixed methods research）といえるでしょうか？

ジョンソン：まず，そのデザインは，単一工程変換デザイン（monostrand conversion design）と呼ばれております[7]。この質問では，<u>一度，質的研究として研究を終えていると思われますので</u>，まず単一工程デザイン（monostrand design）と考えます。また，テドリーとタシャコリは，研究というものを連続体（QUAL-MM-QUAN Continuum）とする考え方を示しております（Teddlie & Tashakkori, 2009）。それに従えば，最初は単一の手法で始めて，後でもう一方の手法に移ってから質と量を統合することはあるでしょう，今回の質問では質的データを量的データに変換させている。そう考えると，単一工程変換デザインということになると思います。また，統合の程度によって準混合（quasi mixed）と純粋な混合（truly mixed）というものがあるというふうにいわれています[8]。

フェターズ：ベイズリー先生いかがでしょうか？

ベイズリー：私は，変換デザインを使った経験はさほど多くはありませんが，<u>質から量への変換をした研究で，混合研究法であることにこだわるならば，データの由来を忘れないということが重要</u>と思います。つまり，論文を書く際に必ず質的データに立ち戻りますよね。どのように統計解析をするにしても，どのように質的データを量的データに変換するにしても，質的分析のやり方に基づいて，量的な分析をすることになるのだと思います。そして，質と量のバランスを十分に考慮して統合するということですよね。それができてようやく十分な混合研究法だといえると思います。

フェターズ：クレスウェル先生がすぐにマイクを取りました。もう答えたくてうずうずしているみたいですね。

クレスウェル：これは混合研究法を用いた研究プロジェクトではありません。*Journal of Mixed Methods Research* の編集者として，他の先生方がどう思うか分かりませんが，もし，その研究論文が質的データを収集していて量的に分析をしているならば，それは内容分析（content analysis）に含まれると考えられます。このことについて，JMMR の編集者の中には，私よりも厳しい態度を示す方もおります。<u>質的データと量的データの両方を収集するからこそ混合研究法には価値があると私は考えます。この2つの形態のデータにはそれぞれの視点が含まれており，その現象を理解するための多様な視点も含まれているからです。</u>

フェターズ：ベイズリー先生いかがでしょう？

ベイズリー：私たちは同じ質的データを質的にも量的にも分析することができて，その結果を統合することもできると考えています。それは，混合研究法だと思います。

クレスウェル：そうすると，このシナリオに量的分析と質的分析があるということですか？　この質問はそんなこと言ってないと思いますけど（会場，笑）。質的データの収集だけでは問題を十分に理解できないような場合に，量的データと質的データを両方集める必然性があると思うのですけども。つまり，<u>情報源を変えていろいろなところから集めれば，また違った強みを得ることができる。それぞれの強みを合わせて使えるのが混合研究法</u>ではないかというふうに思

---

[7] 単一工程デザイン（monostrand design）：研究の立案，データの収集と分析，そして，データの解釈まで一連のプロセスを一手に行なう研究デザイン（Teddlie & Tashakkori, 2009, p.144）。

[8] 準混合デザイン（quasi-mixed design）とは，単一の研究の中で量的データと質的データの両方を集めてはいるが，統合が（ほとんど）なされていない研究デザインを指す（Teddlie & Tashakkori, 2009, p.142）。テドリーとタシャコリは，量的な仮説検証が主たる目的の研究において，インタビューデータを集めることや，量的な結果や解釈が質的な結果や解釈と統合がなされないことがあることにも触れており，準混合デザインという概念は研究者が統合の段階や程度を理解する上で重要であると主張している。

います。
フェターズ：次の質問は比較的まとまりやすいかと思います。今の質問はちょっと大変でしたけどね。（会場，笑）

質問12　質問紙の中に閉鎖型の質問項目と開放型の質問項目があって，それぞれに量的分析と質的分析がなされる場合，混合研究法といえますか？

ベイズリー：それはオープン・エンドのデータをどのように分析するかによると思います。たとえば，質的データの内容をコーディングして類型化したり，質的データを量的データに変換して統計解析と組み合わせる。あるいは，統計解析の結果から分析するコメントを選択したりそれらを比較することもできます。そして，自由記載については，異なるグループ間で発言内容を比較するなど，付加的にディメンジョンを作成してみて理解につながるかどうか試してみる。その意味では混合研究法と言えると思います。

ジョンソン：それはイントラメソッド・ミキシング（intramethod mixing）と呼ばれるものです（Johnson, 2015, p.688）。つまり，質問紙の50％が開放型の質問項目で，残りの50％が閉鎖型の質問項目。それをイントラと呼ぶわけです。ベイズリー先生がおっしゃった通りだと思うのですけれども，質的データと量的データをどのように分析するかによって混合研究法であるか否かの分かれ道になると思います。

クレスウェル：私とプラノ・クラークであれば，混合研究法の簡易版（mixed methods light）というふうに呼ぶと思います（Creswell & Plano Clark, 2011）。通常は，閉鎖型の質問項目があって，いくつか最後に開放型の質問項目を設ける質問紙が多いと思います。医療分野の人と一緒に調査活動する場合，こういった質問紙を使うと思います。ただ，医療従事者の時間は非常に限られていて，フィールドに出たときにはデータをさっさと手短に集めたい。そうするとしっかりとした質的データベースにはならないですが，それでも量的データと質的データを集めているので混合研究法と呼べると思います。

ジョンソン：一言加えたいのですが，本当の開放型の質問を投げるとき，質問の仕方を工夫する必要があります。たとえば，「あなたの年齢はいくつですか？」なんていう質問は，本当のオープン・エンドではないですよね。本当の開放型の質問というのは，オープン・エンドでしか聞けない質問です。たとえば，「ある物事について，あなたご自身の経験をお聞かせいただけますか？」そういうような質問の仕方であって，この質問であってもどんな経験を聞き出したいのか意識しておく必要があります。本当の開放型の質問では，何を聞きたいかによって質問をよく練っておく必要がありますよね。

フェターズ：では，次に行きますかね。

質問13　私の印象では質的分析には2つのアプローチがあると思います。1つは内容（contents）にフォーカスしているもの，もう1つは文脈（context）にフォーカスしているもの。混合研究法の多くは内容にフォーカスした質的分析を行い量的研究と統合することが多いように思いますけれども，文脈にフォーカスした質的分析を採用して量的研究と統合することはあるのでしょうか？

ジョンソン：そういうことがあるかどうか私には分かりませんけれども，質的研究の強味は文脈の複雑さを理解するというところだと思います。人間関係がコンテクストとどのような相互作用を持っているかを理解する。私自身は内容よりも文脈を重視するんじゃないかと思います。もちろん，内容も文脈も重要です。ええ，どちらかにバイアスを持っているということはないと思います。

フェターズ：私のほうから補足しますと，ちょっと行間を読むと，この人はですね，おそらく量的なトレーニングを先に受けてきた方で，テク

ストの内容分析をしている人ではないか。そして，断片化された内容に力点が置かれると，テクストの文脈が忘れられてしまう傾向を気にしているのではないか。そういった場合，混合研究法の中で質的手法がどのように機能するのかを考えている方かもしれないと思います。とくに，量的データ収集にフォーカスすることが多い医療分野においては，質的研究も内容にフォーカスがあたることで文脈が見落とされるリスクを感じている方だと思われます。となると，医療分野の研究者が混合研究法を用いた研究に取り組む上で何に注意すべきでしょうか？

クレスウェル：私は，健康科学分野の研究者には，理論から引き出される先験的なコード化（a priori coding）[9]を活用するように強調しています。質的データを，すでに決まっている瓶のなかに入れてしまったら，文脈を見失ってしまうことになるでしょう。理論を使ってデータコーディングをするのはいいと思います。しかし，そのときに見落としてはならないのは，質的データやデータベースが持つ非常に大きな文脈です。その瓶にデータを入れるとき，質的データの豊かさを忘れなければ，既存の理論を超えることにつながると思います。そこに理論を拡張するチャンスがあると思います。

フェターズ：そうですね。では，最後の質問になります。まだエネルギーは残ってますか？

質問14　皆さんは，混合研究法において，統合が非常に重要なことだとおっしゃってきました。統合するときに，最も重要なアプローチは何でしょうか？　とくに統合のためのメカニズムとして重要なものは何でしょう？

ベイズリー：私は，普段，統合に6つのメカニズムを使っています。1つ目は，方法（methods）の関係性を明らかにすること，まあ順次的なデザインが典型的だと思います。2つ目は，2つの方法が補完的であること。3つ目は，統合によって研究の全体像が表されること，あるいは，2つの研究がつながっていること。2つの方法で共通のケースを扱っていても，いろいろなデータがあるので，それを2つ並べるのか，比較対照するのか。4つ目は，データを変換（transform）していること，あるいは，他のデータと組み合わせ（combine）ていること。5つ目は，研究戦略，概念をブレンディング（blending）していること。つまり，変数をブレンドして別のデータセットを作りさらに分析を進める。データセットの間を行ったり来たりして，1つのものを集めてテストして，また，別のデータセットを入れるといったこと。6つ目は，食い違い（discrepancy），多様性（divergence），葛藤（conflicts）を分析すること。とくにネガティブなケースに注目して分析を進めます。統合のメカニズムとして，私は以上のような点に注意してやっていますね。

ジョンソン：この統合というものに対して1つの考え方なのですが，それは，態度の問題だと思っております。というのは，統合にはいろいろなやり方があるからです。ベイズリー先生の考え方はとても良いと思うのですが，私たちが目指しているのは，質と量の間にあるダイアログで統合することです。統合のメカニズムとして肝要なのは，ダイアログの要点を明らかにしていくということです。これまでにも Journal of Mixed Methods Research で取り上げられてきましたし，フェターズ先生も書いておられますし（Fetters & Freshwater, 2015），今日の発表にあったようにベイズリー先生もクレスウェル先生もじきに本を書かれるそうですし，ブライマンの論文もあります（Bryman, 2007）。皆さんにとって参考になるものはいろいろありますので，あとは皆さんがそれに適応していくことだと思います。

9　先験的なコード化は，研究の主題や理論的関心に基づいた分析図式にデータを落とし込むやり方と，常識的推論のように内容に特化されない分析図式にデータを落とし込むやり方がある（Schwandt, 2007）。ここではクレスウェル氏は前者のやり方を推奨している。

クレスウェル：そうですね。私は，この統合について特別な考えを持っております。統合とは，質と量がお互いにぶつかり合うということに他ならないのです。そして，そのぶつかり合い方には3つあります。データを結合する（merge the data），データを連結する（connect the data），あるいはデータを埋め込んでしまう（embed the data）ということです。そして，統合の仕方はデザインによって変わるわけです。ですから，デザインをみなければなりません。たとえば，ジャニス・モースさんは，ダイアグラムの書き方として記号の使用方法や統合プロセスについて書いています[10]。デザインによって統合が生じる場所が違うわけです。私が統合について総論的に説明するとき，たとえば，説明的順次デザインの場合には，量的データの分析の段階から統合は始まっていることもあれば，質的分析の後に統合がおこるという考え方もあるわけです。1つのデザインをとってみたところで，統合のアプローチについて私たちの意見が一致しているわけではありません。

フェターズ：1日目のパネル・ディスカッションでも，今日の挨拶でも申し上げたことですが，長い年月をかけて成長した技術が一瞬にして発展することがあるように，混合研究法は「馬のない馬車」を走らせているようなものです。クレスウェル先生は混合研究法第一世代（古い世代）であることに納得していないようですが，そんなに古い時代の話ではありませんけれども，とにかく私たちは皆さんに将来を託すわけです。これからは，ともに大いなる思想家として，より革新的な方法を見つけていかなければなりません。そうやって統合を達成していくことで，古くて遅い「馬のない馬車」を刷新することができるわけです。その繰り返しでいろいろなアプリケーションを開発し，さまざまな研究を結実させることができるわけです。私たちはこうしてここに登壇しておりますが，この会議を通して日本ではいろいろな分析方法が使われていることを知り，大変わくわくいたしました。世界中でも，混合研究法は行われており，工学の分野でも応用されていると聞いております。以上で私の話は終えますが，先生方，何か最後のお言葉ありますか？

クレスウェル：そうですね。将来的には，もっと使い勝手が良くて人気のあるデザインが登場すると思います。そして，健康科学分野で行われている介入研究の中で混合研究法が活用され，質的研究がこれまで以上に使われるようになると思います。健康科学分野でもっとアクションリサーチがなされるようになれば，いろいろな利害関係者も参加することになるでしょう。そうすることで，各国で特有の文化にも応用もできると思います。たとえば，南アフリカでは，混合研究法の参与アプローチ（participatory approach）も生まれております。日本でも新たに何かが生まれるかもしれません。

ジョンソン：恐れずにデザインを構築していってください。皆さんには個別の研究設問があり，複雑な事情もあるわけです。いわゆる応用型デザイン（advanced design）をクレスウェル先生もご紹介されたと思いますけれども，ぜひ，混合研究法の原理を学んでデザインを組み立てていただきたいと思います。

フェターズ：クラブトリー先生からの言葉をいただいております。

「ルールというのは，初心者のためのものです。ですから，皆さんが始めるときには，これは絶対に確かだと思えるようなデザインから始めてください。クレスウェル先生，ベイズリー先生，ジョンソン先生がいろいろとお話をされましたけれども，だんだん上達する過程で，自ら箱の外へ飛び出してください。」

皆さんにはどんどん創造的になっていただき，混合研究法を変えていってほしいと願っています。まさに百年前に「馬のない馬車」というものが突発的に誕生したわけですから，それと同

---

10 たとえば，量的研究と質的研究を同時に行う場合には「+」を，どちらか一方を先に行う場合には「→」で順番を明記するなど（Morse, 1991, 2003）

じように混合研究法も飛躍的な発展を遂げたいと思います。

クレスウェル：西洋で生まれた混合研究法という考えをアジアの文脈に合わせて活用して欲しいと願っています。そのことについては，じきに*Journal of Mixed Methods Research*に掲載されると思います。

フェターズ：参加者の皆さん，よくがんばってくださいました。パネリストの先生方，本当にありがとうございました。

引用文献

Bryman, A.（2007）Barriers to Integrating Quantitative and Qualitative Research. *Journal of Mixed Methods Research, 1* (1), 8-22.

Campbell, D.T. & Fiske, D.W.（1959）Convergent and discriminant validation by the multitrait-multimethod matrix. *Psychological Bulletin, 56*(2), 81-105.

Creswell, J.W., & Plano Clark, V.L.（2011）*Designing and conducting mixed methods research* (Second Edition ed.). SAGE Publications, Inc.

Fetters, M.D. & Freshwater, D.（2015）The 1+1=3 Integration Challenge. *Journal of Mixed Methods Research, 9* (2), 115-117. doi:10.1177/1558689815581222

Greene, J.（2015）Preserving Distinctions within the Multimethod and Mixed Methods Research Merger. In S. Hesse-Biber & R.B. Johnson (Eds.), *The Oxford Handbook of Multimethod and Mixed Methods Research Inquiry* (pp.606-615). New York: Oxford University Press.

Guetterman, T.C., Fetters, M.D. & Creswell, J.W.（2015）Integrating quantitative and qualitative results in health science mixed methods research through joint displays. *Annals of Family Medicine, 13* (6), 554-561. doi:10.1370/afm.1865

Ivankova, N.V.（2015）Mixed Methods Applications in Action Research. Thousand Oaks, CA: Sage.

Johnson, R.B.（2015）Conclusion: Toward an inclusive and defensible multimethod and mixed methods science. In S. Hesse-Biber & R.B. Johnson (Eds.), *The Oxford Handbook of Multimethod and Mixed Methods Research Inquiry* (688-706). New York: Oxford University Press.

Johnson, R.B., Onwuegbuzie, A.J. & Turner, L.A.（2007）Toward a Definition of Mixed Methods Research. *Journal of Mixed Methods Research, 1* (2), 112-133. doi:10.1177/1558689806298224

Morse, J.M.（1991）Approaches to qualitative-quantitative methodological triangulation. *Nursing Research, 40*(2), 120-123.

Morse, J.M.（2003）Principles of mixed methods and multimethods research desgin. In A. Tashakkori & C Teddlie (Eds.), *Handbook of mixed methods in social and behavioral research* (pp.189-208). Thousand Oaks, CA: Sage.

Onwuegbuzie, A.J. & Johnson, B.（2006）The Validity Issue in Mixed Research. *Research in the Schools, 13* (1), 48-63.

Schwandt, T.A.（2007）The SAGE Dictionary of Qualitative Inquiry (3rd ed.). Thousand Oaks, CA: Sage.（伊藤勇，徳川直人，内田健監訳（2009）質的研究用語辞典．北大路書房．）

Teddlie, C. & Tashakkori, A.（2009）Foundations of Mixed Methods Research: Integrating Quantitative and Qualitative Approaches in the Social and Behavioral Sciences. SAGE Publications, Inc.

大会後記

2015年度国際混合研究法学会アジア地域会議
日本混合研究法学会第1回年次大会後記

稲葉光行＊

＊大会長・立命館大学政策科学部

　2015年9月19-20日に，立命館大学大阪いばらきキャンパスを会場として，国際混合研究法学会（MMIRA）アジア地域会議および日本混合研究学会（JSMMR）第1回年次大会が開催されました。本大会は当初仙台で開催される予定でしたが，他のコンサート日程との関係から急遽会場が変更になり，その件は新聞等でも話題になりました。

　新会場となったキャンパスは，2015年4月に「アジアのゲートウェイ」というテーマのもと開学したばかりであり，結果としてこの大会は，キャンパスの開学趣旨にもふさわしい学術集会となりました。本大会は最終的に，国内外から341人（海外招聘者・事務局を含む）が集まる大イベントとなりました。大会の中では，特別・基調講演6件，パネル討論2件，ワークショップ6件，口頭発表36件，ポスター発表28件，出版社・企業展示6件があり，さらにJ・W・クレスウェル教授を含む国際的に著名な研究者が5室に分かれて参加者と意見交換を行う「meet the experts」セッションが行われるなど，日本とアジア地域の混合研究法学会のスタートアップにふさわしい企画も盛り込まれました。

　大会の中では，MMIRAを設立し牽引している著名な研究者らに加え，混合研究法の領域で豊富な実績を持つ国内外の著名な研究者や若手参加者らが集まり，高いレベルの発表と活発な議論が行われました。人数においても活発さにおいても，昨年度MMIRAが主催した世界大会に近いレベルの集会であったのではないかと考えております。大会で収集したアンケートでも，「スタンディング・オベーションで終わる学会に初めて参加した」，「アットホームな学会だった」，「会場が広々としてよかった」など，多くの好意的なコメントをいただきました。第1回大会としては大盛況であったと思っております。

　最後に，今大会で講演・発表をされた方々，議論に積極的に参加された方々，そして企画・査読・広報・運営において大変献身的なご助力をいただいた実行委員の先生方，さらに長時間にわたって大会を支えた事務局の皆様に，改めて深く御礼を申し上げます。今後私自身としては，今回の大会で参加者の皆様からいただいた学術的な刺激や，実行委員の先生方からいただいたご助力に対する恩返しのつもりで，学会活動における情報交流やセミナーを通じて，この新しく生まれた学術コミュニティの発展にささやかながら貢献をさせていただければと思っております。

2015年度国際混合研究法学会アジア地域会議 日本混合研究法学会第1回年次大会記念書籍編集後記

成田慶一 *

＊学会誌共同編集委員長・京都大学医学部附属病院臨床研究総合センター

　第1回年次大会の熱気そのままに，大会実行委員として協働した先生方とこの書籍を編み上げることができたことを本当に喜ばしく思います。この書籍は，本国でも一堂に会したことのない混合研究法の重鎮の面々が集まったという好機と，このような方法論の学会を盛り上げようという国内有志の熱意によって生まれたと言うことができるでしょう。

　各章をお読みいただければ自然と気がつくように，混合研究法の世界観は1つではありません。何を，どのタイミングで，どのように，いかなる目的で混合するのかは，研究を実施する者（と最終的な目標）に委ねられていて，また論文化にあたっての投稿戦略についてもいくつかのアイデアがあり得ることが本書には示されています。とくに，2つのパネル・ディスカッションに見られたような，異なる見解がダイナミックにぶつかり合う場面は，混合研究法の先人たちの経験と知恵に基づくメタ視座へと読者を導くことでしょう。

　ところが，この視座へ立つためには，いくつかの障壁があることが編集の過程で分かってきました。1つは，訳語の問題です。学問としての基盤を整備する際には，ある程度専門用語と基本図式を整理する必要がありますが，混合研究法における論説自体も発展し続けているため日本語での訳語統一は簡単な作業ではありません。そのため，本書では表現の一貫性を担保するために，最低限の基本用語のみ訳語の統一を行い，研究一般にも広く使われる用語については各章の初出時に日英併記をすることを心がけました。訳語については日本混合研究法学会の理事会でも検討されましたが，本学会の活動は会員の皆様と作り上げられていくべきという観点から，第2回年次大会のプログラムでもこの問題を取り上げ，また訳語については引き続き学会活動の中で，たとえば，パブリックコメントを募集するような形で用例を集積し，学会員および読者の皆様とともに，混合研究法における用語に対する理解を深めていければと考えています。

　もう1つの問題は，分析技法とその背後にある世界観や科学哲学の問題です。定式化された研究手続きは，料理のレシピ本のように簡便に研究を進めることを助けてくれることがあります。しかし，混合研究法を採用して実際に研究を行うためには，一つひとつの分析技法の習熟はもちろんのこと，背後にある世界観や科学哲学をどのように混合（統合）するのかということについて考えることが時折求められます。このような研究ごとに異なる実際的な判断力は一朝一夕ではなかなか手に入れることができません。時間をかけて，それぞれに前提となっている世界観や科学哲学を建設的に批判しながら，いかに混合（統合）できるのかを検討する必要があります。講演の中ではこれを研究チームを組むことで実現させられるという

話もありましたが，まだまだ異分野交流の垣根が高い領域も多い中，各地域で一定のコアメンバーが運営する継続的な勉強会などが必要なのではないか，そんなことを考えさせられました。

本書の執筆陣は，日本で混合研究法のコミュニティが立ち上がるという歴史的な場面に居合わせられたことに奮い立たせられ，その体験を読者の皆様と分かち合うべく筆を執りました。また執筆担当にはならなかった，本学会の関係者の先生方にも直接・間接的にサポートしていただきました。この場を借りて，心より御礼申し上げます。

読者の皆様にとって，本書が第1回年次大会の熱気を疑似体験できるものになっていますように。そして，近いうちに混合研究法についてともに議論し，このコミュニティを発展させるきっかけとなることを願っています。

編者を代表して，西海岸より
成田慶一

パネル・ディスカッションの様子

学会終了直後の記念写真（ゲストスピーカーと大会実行委員，大会参加者）

さくいん

人物索引

アリストテレス 3
ベイズリー Pat Bazeley 7, 38, 57, 85, 114
バーグマン Max Bergman 86
ブライマン Alan Bryman 101
シャーマズ Kathy Charmaz 30, 64
クラブトリー Benjamin F. Crabtree 14, 47, 57, 65, 106
クレスウェル John W. Creswell 4, 14, 57, 94, 114
カリー Leslie Curry 102
デンジン Norman Denzin 86
フェターズ Michael D. Fetters 5, 57, 106, 114
グリーン Jennifer C. Greene 6, 58, 87, 109
ヘッセ・バイバー Sharlene N. Hesse-Biber 28, 63
ヒッチコック John Hitchcock 64
ジョンソン R. Burke Johnson 5, 57, 76, 114
ミラー William Miller 65
モーガン David L. Morgan 59
モース Janice Morse 125
オンウェノブージー Anthony J. Onwuebuzie 9, 64
プラノ・クラーク Vicki L. Plano Clark 27, 98
ロールズ John Rawls 76
ストラウス Anselm L. Strauss 30
タシャコリ Abbas Tashakkori 29, 60, 122
テドリー Charles Teddlie 29, 60, 122
イン Robert Yin 86

* * *

事項索引

アルファベット・数字

8つのステップ 7
19個の定義 117
アルファベット
CAM 59
CAQDAS 38
CONSORT 声明 102
ESCALATES 16
JMMR（Journal of Mixed Methods Research）5, 11, 94
MMIRA 38, 94
　→国際混合研究法学会
MMR（mixed methods research）2, 5 →混合研究法
MMRの定義 6, 39, 97, 117, 118
NIH →米国国立衛生研究所
QDA 92
QOL 70

あ行

アウトライヤー 109
アクションリサーチ 38, 119
アジア 126
逸脱した事例 91
一般化 68
意味づけ 63
医療人類学 47
因果関係 67
インタビュー 3, 79, 81, 85, 101, 106, 110
イントラメソッド・ミキシング 123
ウェビナー 94
埋め込み（embedded）デザイン 28
エスノグラフィー 6, 49, 70
演繹 7, 82, 87

か行

介入研究 74
介入研究型混合研究法デザイン 22
介入研究デザイン →介入研究型混合研究法デザイン
介入試験 9, 19, 22
介入プログラム 101
開放型の質問 17, 44, 80, 89, 115, 123
科学哲学 128
拡張 8, 94
仮説検証 7, 87, 112
仮説生成 112
価値 11, 58, 78, 80, 98
価値中立 77
頑強性 119
頑強な手続き 97
看護学研究 67
がん
　―告知 33
　―生存者 52
観察 6, 90, 108, 112
間主観 79
記述 67, 77, 82
　―データ 65
帰納 7, 82, 87
客観 27, 28, 63, 79, 112
教育学 95
グラウンデッド・セオリー 6, 49
グラウンデッドなテキストマイニング・アプローチ 27
結果追跡型ジョイントディスプレイ 68
結合 18, 51
研究課題 95
研究手法 117
研究設問 6, 27, 39, 88, 109
研究のテーマ 16
研究のデザイン 88

研究パラダイム 67
研究目的 9, 33, 68, 88, 100
健康科学 94, 95, 98, 119, 120
現実主義的ユートピア 77
検証 67, 81, 103
現象 67
　―学 6, 49, 97
原初状態 76
行為主体性（行動主体性）64, 79
構成主義（構築主義）6, 60
国際混合研究法学会 2, 38
互恵的ニーズ 70
個性記述的 63, 64
言葉 108
コホート研究 49
根拠ある主張 46
混合型アクションリサーチ 118
混合研究法 2, 104
　―実践ガイドライン 98
　―的思考 87
　―デザイン 97
　―の定義　→MMRの定義
　―のパラダイム 121
　―論者 117
混合する理由 18

さ行
参加観察 70
参加・社会正義型 9
参加者としての観察者 70
サンプリング 9
サンプルサイズ 107, 111
実験 6
実行性 103
実証的研究 116
実践知 77
質的研究 2, 7, 112
　―者 119
質的研究主導型MMR　→質的研究主導型混合研究法
質的研究主導型混合研究法 27, 63
質的研究で用いられる信用性 10
質的データの定量化 11
質的比較分析 44
質的分析 9, 46, 111, 116, 123
質問紙調査 39

ジャーゴン 108
社会学 95
社会的公正デザイン 103
尺度開発型ジョイントディスプレイ 69
収斂 68
収斂（convergent）デザイン 8, 21, 28, 69, 110
主観 28, 32, 63, 79
手段 117
準混合 122
順次的手順 68
順次（sequential）デザイン 28
純粋な混合 122
ジョイントディスプレイ 9, 68
情動知性 82
情報源 122
症例対照研究 49
事例研究 6, 9, 67, 81
事例研究型混合研究法デザイン 23
事例研究デザイン　→事例研究型混合研究法デザイン
真実性 78
信用性 64, 115
信頼性 9, 71, 109
スキャッフォールディング 96
ストーリー 47, 48, 55
正当性 115
　―の確立 10
世界観 128
世代間交流 70
　―研究 69
説明的順次デザイン 8, 20, 51, 115
先験的なコード化 124
全体像 85
層化抽出法 61
相互依存 91, 117
相互作用 3, 7, 63
ソーシャルネットワーク分析 41
存在論 61, 79

た行
ダイアグラム 99, 125
対照比較型ジョイントディスプレイ 69
タイトル 15

対立点 91
互いに補完する洞察 77
多元的妥当性 115
多元的リアリティ 108
多次元尺度構成法 44
多段階型 9
多段階評価研究型混合研究法デザイン 22
多段階評価デザイン　→多段階評価研究型混合研究法デザイン
妥当性 9, 10, 86, 97, 115, 116
多特性・多方法マトリックス 118
単一工程デザイン 122
探索的順次デザイン 8, 20, 49
地域 96
　―会議 94
地域参加型研究 22
チーム 16, 79, 98, 107
　―アプローチ 7
　―ワーク 104
知識の本質 3
長期的な混合研究法 110
調査票開発 9
地理情報システム 41
定性化 10, 29
定量化 10, 29
データ
　―収集時期 68
　―収集のタイミング 9
　―ソース 89
　―の由来 122
　―の乱雑さ 119
テーマ別統計量型ジョイントディスプレイ 68
テキストマイニング 30, 64
哲学的視座 3
哲学的前提 27
手続き 7
　―ダイアグラム 98
手引 8, 102
転用可能性 65
統合 3, 39, 87, 90
統合させた命題 121
投稿戦略 94, 116, 128
統合的執筆 91
同時 109

特殊性 86
トライアンギュレーション 8

な行
内容 123
　―分析 71, 122, 124
ナラティブ 6
日本混合研究法学会 2
認識論 3, 61, 77, 79

は行
外れ値 109
発展 8, 47
パラダイム 2, 6, 106, 117, 120
　―論争 2, 60, 114
バランス 78, 120
ハワイ大学附属がん研究センター 60
反復的なアプローチ 112
非一貫性 65
ビデオ教材 102
フォーカス・グループ・インタビュー 33
フォーマルな推論プロセス 83
複雑性 8, 82
普遍性 82, 86
プライマリ・ケア 14
プラグマティスト 57, 121
プラグマティズム 6, 80, 86, 111
文化 58, 76, 82, 95
分析スキル 89
文脈 86, 123, 124
並行的手順 68

米国国立衛生研究所 98, 101, 104
米国国立がん研究所 59
閉鎖型の質問 17, 80, 89, 123
並列（concurrent）デザイン 28
ヘルスアウトカム 98, 101
変革の（変革的）パラダイム 11, 121
変換型混合デザイン 27, 29
変換的手順 68
包摂的科学（inclusive science） 28, 76
包摂的科学の18原則 78
法則定立的 63
方法 6, 27, 117
方法論 6, 27, 116, 117
　―的妥当性問題 97
　―のレベルでのミックス 118
　―の論文 104
補完 8, 41
補完代替医療 59
補完的役割 111
母集団 8
ポスト実証主義 28, 60, 107
没入・結晶化 65, 112
ホリスティック 85

ま行
マルチ・メソッド 117, 118
マルティプル 78
ミックスト・メソッズ・ストーリー 58
矛盾 77, 83, 91, 121
無知のヴェール 76

命題 121
メタ推論 10, 35
メンタル・モデル 58

や行
訳語 8, 128
有効性と安全性 103
容量 103
予防医療 51

ら行
ライフヒストリー 89
ランダム化比較試験 107, 120
リアリティ 63, 108
リソース 89
略図（ダイアグラム） 18
量的研究 2, 7
　―において用いられる妥当性 10
量的データの定性化 11
量的分析 9, 44
両立 120
リンキング変数 90
臨床研究 98, 102
連結 18, 68

初出情報

本書第2章 「ワークショップ1　混合研究法入門」（看護研究 Vol.49 No.1, 6-14，医学書院．2016）
本書第4章 「ワークショップ3　混合研究法としてのグラウンデッドなテキストマイニング・アプローチ」（看護研究 Vol.49 No.1, 25-36，医学書院．2016）
本書第8章 「基調講演3　看護における混合研究法の活用　世代間交流看護支援の研究を例に」（看護研究 Vol.49 No.1, 16-24，医学書院．2016）
本書第12章 「パネルディスカッション1　混合研究法をめぐる議論からみえてくるもの」（看護研究 Vol.49 No.1, 37-44，医学書院．2016）

快く転載をご許諾いただきましたことに心より感謝いたします。

● *Introducing Mixed Methods Research*

編者略歴
抱井尚子（かかい ひさこ）

青山学院大学国際政治経済学部国際コミュニケーション学科教授。
ハワイ大学大学院教育研究科 博士後期課程修了。博士（教育心理学）。
混合研究法の国際学術雑誌 Journal of Mixed Methods Research（SAGE 発行）常任編集査読委員（2007年 - 現在），International Journal of Social Research Methodology（Routledge 発行）常任編集査読委員（2008-2013），日本混合研究法学会理事長（2015- 現在）。
主な著書に『混合研究法入門―質と量による統合のアート』（単著，2015, 医学書院），『コミュニケーション研究法』（共編著，2011, ナカニシヤ出版），翻訳に『グラウンデッド・セオリーの構築―社会構成主義からの挑戦』（共監訳，2008, ナカニシヤ出版）など。

成田慶一（なりた けいいち）

京都大学医学部附属病院臨床研究総合センター特定研究員。臨床心理士。
Pacifica Graduate Institute, Visiting Scholar（客員研究員）。
大阪大学大学院人間科学研究科 博士後期課程修了。博士（人間科学）。
日本混合研究法学会 学会誌共同編集委員長。
主な著書に『自己愛のトランスレーショナル・リサーチ 理論研究・混合研究法・臨床実践研究による包括的検討』（単著，2016, 創元社），『ニューロサイコアナリシスへの招待』『臨床風景構成法』『臨床バウム』（いずれも共著，2015/2013/2011, 誠信書房）など。

日本混合研究法学会
　事務局　〒231-0023 横浜市中区山下町 194-502　学協会サポートセンター気付
　E-mail: jsmmr.adm@gmail.com　　ホームページ　http://www.jsmmr.org/

混合研究法（こんごうけんきゅうほう）への誘（いざな）い
質的・量的研究を統合する新しい実践研究アプローチ

2016 年 8 月 31 日　初版発行

監　修　日本混合研究法学会（にほんこんごうけんきゅうほうがっかい）
編　者　抱井尚子（かかいひさこ）・成田慶一（なりたけいいち）
発行人　山内俊介
発行所　遠見書房

〒181-0001 東京都三鷹市井の頭 2-28-16
株式会社　遠見書房
TEL 0422-26-6711　FAX 050-3488-3894
tomi@tomishobo.com　http://tomishobo.com
遠見書房の書店　https://tomishobo.stores.jp

ISBN978-4-86616-016-0　C3011
© Japan Society for Mixed Methods Research, 2016
Printed in Japan

※心と社会の学術出版　遠見書房の本※

遠見書房

混合研究法の手引き
トレジャーハントで学ぶ
研究デザインから論文の書き方まで
　　マイク・フェターズ／抱井尚子編
優れた研究論文を10のポイントを押さえて読み解くことで，混合研究法を行うためのノウハウがよく分かる。宝探し感覚で学べる入門書。2,860円，B5並

ライフデザイン・カウンセリングの入門から実践へ
社会構成主義時代のキャリア・カウンセリング
　　日本キャリア開発研究センター　監修
編集：水野修次郎・平木典子・小澤康司・国重浩一　働き方が変わり新たなライフデザインの構築が求めれる現代，サビカス＋社会構成主義的なキャリア支援の実践をまとめた1冊。3,080円，A5並

こころを晴らす55のヒント
臨床心理学者が考える　悩みの解消・ストレス対処・気分転換
　　竹田伸也・岩宮恵子・金子周平・
　　竹森元彦・久持　修・進藤貴子著
臨床心理職がつづった心を大事にする方法や考え方。生きるヒントがきっと見つかるかもしれません。1,870円，四六並

教師・SCのための
学校で役立つ保護者面接のコツ
「話力」をいかした指導・相談・カウンセリング
　　（SC・話力総合研究所）田村　聡著
ブックレット：子どもの心と学校臨床（3）保護者対応に悩む専門職ために臨床心理学の知見をいかした保護者面接のコツを紹介！ 1,760円，A5並

スクールカウンセリングの新しいパラダイム
パーソンセンタード・アプローチ，PCAGIP，オープンダイアローグ
　　（九州大学名誉教授・東亜大学）村山正治著
ブックレット：子どもの心と学校臨床（1）SC事業を立ち上げた著者による飽くなき好奇心から生まれた新しい学校臨床論！ 1,760円，A5並

質的研究法 M-GTA 叢書1
精神・発達・視覚障害者の就労スキルをどう開発するか──就労移行支援施設（精神・発達）および職場（視覚）での支援を探る
　　（筑波技術大学）竹下　浩著
就労での障害者と支援員の相互作用をM-GTA（修正版グランデッドセオリーアプローチ）で読み解く。2,420円，A5並

ブリーフセラピー入門
柔軟で効果的なアプローチに向けて
　　日本ブリーフサイコセラピー学会 編
多くの援助者が利用でき，短期に終結し，高い効果があることを目的としたブリーフセラピー。それを学ぶ最初の1冊としてこの本は最適。ちゃんと治るセラピーをはじめよう！ 3,080円，A5並

ひきこもり，自由に生きる
社会的成熟を育む仲間作りと支援
　　（和歌山大学名誉教授）宮西照夫著
40年にわたってひきこもり回復支援に従事してきた精神科医が，その社会背景や病理，タイプを整理し，支援の実際を豊富な事例とともに語った実用的・実践的援助論。2,420円，四六並

中釜洋子選集　家族支援の一歩
システミックアプローチと統合的心理療法
　　（元東京大学教授）中釜洋子著
田附あけか・大塚斉・大町知久・大西真美編集　2012年に急逝した心理療法家・中釜洋子。膨大な業績の中から家族支援分野の選りすぐりの論文とケースの逐語を集めた。3,080円，A5並

N：ナラティヴとケア
ナラティヴがキーワードの臨床・支援者向け雑誌。第12号：メディカル・ヒューマニティとナラティブ・メディスン（斎藤・岸本編）年1刊行，1,980円

〈フィールドワーク〉
小児がん病棟の子どもたち
医療人類学とナラティヴの視点から
　　（山梨英和大学教授）田代　順著
小児がん病棟の患児らを中心に，語りと行動を記録したフィールドワーク。ナラティヴ論と，グリーフワークの章を加えた増補版。2,420円，四六並

患者と医療者の退院支援実践ノート
生き様を大切にするためにチームがすること・できること
　　（退院支援研究会・医師）本間　毅著
入院患者が自宅に戻るときに行われる医療，介護，福祉などを駆使したサポートである退院支援。本書はその実際を熱く刺激的に描く。2,640円，四六並

ひきこもりの理解と支援
孤立する個人・家族をいかにサポートするか
　　　　　　　　　　　　高塚雄介編
医療機関，民間の支援機関，家族会等でひきこもり支援に関わってきた執筆者らが，ひきこもりとその支援を考えたものである。支援者がぶつかる壁を乗り越えるための一冊。2,860円，A5並

もっと臨床がうまくなりたい
ふつうの精神科医がシステズアプローチと解決志向ブリーフセラピーを学ぶ
　　宋　大光・東　豊・黒沢幸子著
児童精神科医が，面接の腕をあげようと心理療法家 東と黒沢の教えを受けることに。達人の考え方とケース検討を通して面接のコツを伝授！ 3,080円，四六並

文化・芸術の精神分析
　　祖父江典人・細澤　仁編
本書は，人間を人間たらしめる文化・芸術に精神分析の立場から迫ったもので，北山修をはじめ多くの臨床家が原稿を寄せた。映画や文学，音楽，美術から，フロイトの骨とう品集めまで，精神分析の世界を拡張する。3,300円，A5並

サイコセラピーは統合を希求する
生活の場という舞台での対人サービス
　　（帝京大学教授）元永拓郎著
著者の実践的臨床論。「密室」だけではなくなった心理臨床で，セラピストが目指すべきサイコセラピーのあり方を「統合」に見出す。心理療法／心理支援のあり方を問う必読書。3,080円，A5並

超かんたん 自分でできる
人生の流れを変えるちょっと不思議なサイコセラピー──P循環の理論と方法
　　（龍谷大学教授）東　豊著
心理カウンセラーとして40年以上の経験を持つ東先生が書いた，世界一かんたんな自分でできるサイコセラピー（心理療法）の本。1,870円，四六並

法律家必携！ イライラ多めの依頼者・相談者とのコミュニケーション
「プラスに転じる」高葛藤のお客様への対応マニュアル
土井浩之・大久保さやか編／若島孔文監修
法律相談にくる依頼者はストレスMAX。そんな"高葛藤"の依頼者との付き合い方をベテラン弁護士と心理師，精神科医が伝授。1,980円，A5並

一人で学べる認知療法・マインドフルネス・潜在的価値抽出法ワークブック
生きづらさから豊かさをつむぎだす作法
　　（鳥取大学医学部教授）竹田伸也著
認知行動療法のさまざまな技法をもとに生きづらさから豊かさをつむぎだすことを目指したワークを楽しくわかりやすく一人で学べる1冊。1,320円，B5並

『認知療法・マインドフルネス・潜在的価値抽出法ワークブック』セラピスト・マニュアル
行動分析から次世代型認知行動療法までを臨床に生かす
　　（鳥取大学医学部教授）竹田伸也著
第一世代から第三世代の認知行動療法を独習可能で使いやすくした『ワークブック』の特徴，理論，ポイントなどを専門家向けに書いた本です。1,980円，四六並

ダウン症神話から自由になれば
子育てをもっと楽しめる
　　（臨床遺伝専門医）長谷川知子著
この本は，約50年にわたり1万人近いダウン症のある人たちと向きあってきた専門医が書いた1冊で，子育ての自信をなくしたり悩んだりしている親や支援者たちに向けたもの。2,200円，四六並

価格は税込です

※心と社会の学術出版　遠見書房の本※

心理支援のための臨床コラボレーション入門
システムズアプローチ，ナラティヴ・セラピー，ブリーフセラピーの基礎
（関内カウンセリングオフィス）田中　究著
家族療法をはじめ諸技法の基礎が身につき，臨床の場でセラピストとクライアントの協働を促進する。心理支援者必読の1冊。3,080円，四六並

産業・組織カウンセリング実践の手引き
基礎から応用への全8章［改訂版］
三浦由美子・磯崎富士雄・斎藤壮士著
ベテラン産業心理臨床家がコンパクトにまとめた必読の1冊。産業臨床の現場での心理支援，企業や組織のニーズを汲み，治療チームに貢献するかを説く。ポストコロナに合わせ改訂。2,640円，A5並

「催眠学研究」第59巻
追悼特別企画　成瀬悟策先生
日本催眠医学心理学会編
催眠研究の先駆者であり，心理学の巨人である成瀬先生を偲び，半世紀以上にわたる「催眠学研究」に掲載された論文や関連する記事を集めて再掲。限定の特別一般販売版。5,500円，B5並

学校では教えない
スクールカウンセラーの業務マニュアル
心理支援を支える表に出ない仕事のノウハウ
（SC／しらかば心理相談室）田多井正彦著
ブックレット：子どもの心と学校臨床（4）SCの仕事が捗る1冊。「SCだより」や研修会等で使えるイラスト198点つき（ダウンロード可）。2,200円，A5並

海外で国際協力をしたい人のための
活動ハンドブック──事前準備から，現地の暮らし，仕事，危機管理，帰国まで
（順天堂大学）岡本美代子編著
国際協力活動をしたい人のために経験者からのアドバイスを集めた一冊。準備，危険対処，運営，連携，仕舞い方まで実践スキルが満載。1,980円，A5並

ママたちの本音とグループによる子育て支援
「子どもがカワイイと思えない」と言える場をつくる
（北星学園大学名誉教授）相場幸子著
子育てに悩む母親のためのグループ支援の活動記録の中から心に残るやりとりを集めた1冊。「母親なら子どものためにすべてを犠牲にすべき」などの社会の，母親たちの本当のこころ。1,980円，四六並

精神の情報工学
心理学×ITでどんな未来を創造できるか
（徳島大学准教授）横谷謙次著
機械は心を癒せるか？──本書は画像処理・音声処理・自然言語処理技術の活用，ネットいじめの社会ネットワーク分析など，心理学と情報工学の融合を見る最先端の心理情報学入門。1,980円，四六並

ACTマトリックスのエッセンシャルガイド
アクセプタンス＆コミットメント・セラピーを使う
K・ポークら著／谷　晋二監訳
本書は，理解の難しいACT理論を平易に解き明かし，実践に役立てられる1冊で，誰でも明日から使える手引きとなっている。15種類のワークシートつき。5,390円，A5並

N:ナラティヴとケア
ナラティヴがキーワードの臨床・支援者向け雑誌。第13号：質的研究のリアル─ナラティヴの境界を探る（木下康仁編）年1刊行，1,980円

ドクトルきよしのこころ診療日誌
笑いと感謝と希望を紡ぐ
（長田クリニック院長）長田　清著
心理療法を学び，悪戦苦闘・右往左往の結果，理想の診療に近づいたドクターと，患者さんたちの人生の物語からなる臨床エッセイ。解決志向ブリーフセラピーと内観で希望を紡ぐ。1,980円，四六並

自分描画法マニュアル
臨床心理アセスメントと思いの理論
小山充道著
自分の姿（ポートレート）を描く「自分描画法」はそのこころの内や置かれた環境などがよくわかる描画法として注目を浴びています。自分描画法の創案者による手引き。3,080円，A5並＋DVD

世界一隅々まで書いた
認知行動療法・認知再構成法の本
伊藤絵美著
本書は，認知再構成法についての1日ワークショップをもとに書籍化したもので，ちゃんと学べる楽しく学べるをモットーにまとめた1冊。今日から使えるワークシートつき。2,860円，A5並

公認心理師の基礎と実践シリーズ 全23巻の電子版が読み放題！
全23巻（最新版）のすべてを，いつでも，どこでも，さまざまなデバイス（PC，タブレット，スマホ）で読める。検索可能。各種試験対策に。1年目29,700円，2年目以降年額11,000円。https://ebook.tomishobo.com/

竹田式三色組合せテスト
竹田伸也・田治米佳世　製作
木製ピースとボードをつかった簡単な認知症スクリーニング検査。1分以内で実施できる感度・特異度が高いテストで，使用する各種ツールと手引きがセット。専門職以外の購入はできません。
https://tomishobo.stores.jp/　3,300円

対人援助を心理職が変えていく
私たちの貢献と専門性を再考する
（臨床心理士・公認心理師）髙松真理著
臨床心理学の考えと心理職の実践は，精神医療や福祉，教育にどう影響を与えてきたのか。そして今後は？　本書は，「心理職のプロフェッショナリズム」についてまとめた一書。2,200円，A5並

公認心理師基礎用語集　改訂第3版
よくわかる国試対策キーワード
松本真理子・永田雅子編
試験範囲であるブループリントに準拠したキーワードを138に厳選。多くの研究者・実践家が執筆。名古屋大教授の2人が編んだ必携，必読の国試対策用語集です。2,420円，四六並

どうして？
あたらしいおうちにいくまでのおはなし
ひぐちあずさ作・おがわまな絵
「妹ってそんなサイズでいきなりくるもん？」児童福祉施設で暮らすこころちゃんと，そのこころちゃんの里親をすることを考えている家庭で育つさとりちゃんをめぐる絵本です。1,870円，B5上製

動作訓練の技術とこころ──障害のある人の生活に寄りそう心理リハビリテイション
（静岡大学教育学部教授）香野　毅著
身体・知的・発達障害のある人の生活に寄りそう動作訓練をプロフェッショナルが伝授。導入から訓練中の着目点，実施の詳細＋実際の訓練の様子も写真入りで解説しています。2,420円，A5並製

臨床力アップのコツ
ブリーフセラピーの発想
日本ブリーフサイコセラピー学会編
臨床能力をあげる考え方，スキル，ヒントなどをベテランの臨床家たちが開陳。また黒沢幸子氏，東豊氏という日本を代表するセラピストによる紙上スーパービジョンも掲載。3,080円，A5並

学生相談カウンセラーと考える
キャンパスの危機管理
効果的な学内研修のために
全国学生相談研究会議編（杉原保史ほか）
本書は，学生相談カウンセラーたちがトラブルの予防策や緊急支援での対応策を解説。学内研修に使える13本のプレゼンデータ付き。3,080円，A5並

学校で使えるアセスメント入門
スクールカウンセリング・特別支援に活かす臨床・支援のヒント
（聖学院大学教授）伊藤亜矢子編
ブックレット：子どもの心と学校臨床（5）児童生徒本人から学級，学校，家族，地域までさまざまな次元と方法で理解ができるアセスメントの知見と技術が満載の1冊。1,760円，A5並

価格は税込です

※心と社会の学術出版　遠見書房の本※

遠見書房

がんと嘘と秘密
ゲノム医療時代のケア
小森康永・岸本寛史著
本書は，がん医療に深く携わってきた二人の医師による，嘘と秘密を切り口にテキストと臨床を往還しながら，客観性を重視する医科学的なアプローチを補うスリリングな試み。2,420円，四六並

ひきこもりと関わる
日常と非日常のあいだの心理支援
（跡見学園女子大学准教授）板東充彦著
本書は，居場所支援などの実践を通して模索してきた，臨床心理学視点からのひきこもり支援論です。コミュニティで共に生きる仲間としてできることは何かを追求した一冊です。2,530円，四六並

新しい家族の教科書
スピリチュアル家族システム査定法
（龍谷大学教授）東　豊著
プラグマティックに使えるものは何でも使うセラピスト東豊による家族のためのユニークな1冊が生まれました！　ホンマかいなと業界騒然必至の実用法査定法をここに公開！　1,870円，四六並

「新型うつ」とは何だったのか
新しい抑うつへの心理学アプローチ
（日本大学教授）坂本真士編著
新型うつは怠惰なのか病いなのか？　この本は，新型うつを臨床心理学と社会心理学を軸に研究をしたチームによる，その原因と治療法，リソースなどを紐解いた1冊。2,200円，四六並

あたらしい日本の心理療法
臨床知の発見と一般化
池見　陽・浅井伸彦　編
本書は，近年，日本で生まれた9アプローチのオリジナルな心理療法を集め，その創始者たちによって，事例も交えながらじっくりと理論と方法を解説してもらったものです。3,520円，A5並

世界一隅々まで書いた
認知行動療法・問題解決法の本
（洗足ストレスコーピング・サポートオフィス）伊藤絵美著
本書は，問題解決法についての1日ワークショップをもとに書籍化したもので，ちゃんと学べる楽しく学べるをモットーにまとめた1冊。今日から使えるワークシートつき。2,860円，A5並

ポリヴェーガル理論で実践する子ども支援
今日から保護者・教師・養護教諭・SCがとりくめること
（いとう発達・心理相談室）伊藤二三郎著
ブックレット：子どもの心と学校臨床（6）ポリヴェーガル理論で家庭や学校で健やかにすごそう！　教室やスクールカウンセリングで，ノウハウ満載の役立つ1冊です。1,980円，A5並

臨床心理学中事典
野島一彦監修
（編集委員）森岡正芳
岡村達也・坂井　誠
黒木俊秀・津川律子
遠藤利彦・岩壁　茂
総頁640頁，650超の項目，260人超のその領域を専門とする随一の執筆者，9,500の索引項目からなる臨床心理学の用語と，基礎心理学，精神医学，生理学等の学際領域を網羅した中項目主義の用語事典。技法名や理論など多岐にわたる臨床心理学の関連用語を「定義」と「概要」に分け読みやすくまとめた。臨床家必携の1冊！　7,480円，A5上製

親と子のはじまりを支える
妊娠期からの切れ目のない支援と心のケア
（名古屋大学教授）永田雅子編著
産科から子育て支援の現場までを幅広くカバー。本書は，周産期への心理支援を行う6名の心理職らによる周産期のこころのケアの実際と理論を多くの事例を通してまとめたもの。2,420円，四六並

図解　ケースで学ぶ家族療法
システムとナラティヴの見立てと介入
（徳島大学准教授）横谷謙次著
カップルや家族の間で展開されている人間関係や悪循環を図にし，どう働きかけたらよいかがわかる実践入門書。家族療法を取り入れたい取り組みたいセラピストにも最適。2,970円，四六並

子どもと親のための
フレンドシップ・プログラム
人間関係が苦手な子の友だちづくりのヒント30
フレッド・フランクル著／辻井正次監訳
子どもの友だち関係のよくある悩みごとをステップバイステップで解決！　親子のための科学的な根拠のある友だちのつくり方実践ガイド。3,080円，A5並

N:ナラティヴとケア
ナラティヴがキーワードの臨床・支援者向け雑誌。第14号：ナラティヴ・セラピーがもたらすものとその眼差し（坂本真佐哉編）年1刊行，1,980円

よくわかる 学校で役立つ子どもの認知行動療法
理論と実践をむすぶ
（スクールカウンセラー）松丸未来著
ブックレット：子どもの心と学校臨床（7）子どもの認知行動療法を動機づけ，ケース・フォーミュレーション，心理教育，介入方法などに分け，実践的にわかりやすく伝えます。1,870円，A5並

中学生・高校生向け
アンガーマネジメント・レッスン
怒りの感情を自分の力に変えよう
S・G・フィッチェル著／佐藤・竹田・古村訳
米国で広く使われるアンガーマネジメント・プログラム。自身の人生や感情をコントロールする力があることを学べる。教師・SCにお薦め。2,200円，四六並

外国にルーツをもつ子どもたちの
学校生活とウェルビーイング
児童生徒・教職員・家族を支える心理学
松本真理子・野村あすか編著
ブックレット：子どもの心と学校臨床（8）日本に暮らす外国にルーツを持つ子どもたちへの支援を考える。幸福な未来のための1冊。2,200円，A5並

喪失のこころと支援
悲嘆のナラティヴとレジリエンス
（日本福祉大学教授）山口智子編
「喪失と回復」の単線的な物語からこぼれ落ちる，喪失の様相に，母子，障害，貧困，犯罪被害者，HIVなど多様なケースを通して迫った1冊。喪失について丁寧に考え抜くために。2,860円，A5並

乳幼児虐待予防のための多機関連携のプロセス研究——産科医療機関における「気になる親子」への気づきから
（山口県立大学）唐田順子著
【質的研究法M-GTA叢書2】看護職者の気づきをいかに多機関連携につなげるかをM-GTA（修正版グランデッドセオリーアプローチ）で読み解く。2,420円，A5並

職業リハビリテーションにおける
認知行動療法の実践
精神障害・発達障害のある人の就労を支える
池田浩之・谷口敏淳　編著
障害のある方の「働きたい思い」の実現のため，就労支援に認知行動療法を導入しよう。福祉・産業・医療各領域の第一人者による試み。2860円，A5並

学校が求めるスクールカウンセラー 改訂版
アセスメントとコンサルテーションを中心に
村瀬嘉代子監修・東京学校臨床心理研究会編
ベテランたちによって書かれたスクールカウンセリングの実用書を大改訂！「アセスメント」と「コンサルテーション」をキーワードに，"学校が求めるSCの動き"を具体的に示す。3,080円，A5並

〈フリーアクセス〉〈特集＆連載〉心理学・心理療法・心理支援に携わる全ての人のための総合情報オンライン・マガジン「シンリンラボ」。https://shinrinlab.com/

価格は税込です